한 번만 읽으면 확 잡히는
고등 한국사

한 번만 읽으면 확 잡히는
고등 한국사

정세정 지음　**이현지** 그림

한ㄹ

들어가는 말

저는 오랫동안 역사를 가르쳐 왔어요. 그 시간 동안 단순히 지식을 전달했다고는 생각하지 않아요. 항상 역사를 통해 무언가 말하고 싶었어요. 역사를 통해 가장 하고 싶은 일이 무엇일까 생각해 보면 바로 '감동'을 전하는 일이었던 것 같아요. '감동'의 원래 의미는 '느껴서 행동이 바뀐다.'라는 뜻이래요. 역사를 배운다는 것은 그냥 지식이 많아진다는 뜻은 아니에요. 역사를 배웠다면 무언가 나의 행동에 변화가 생겨야 하는 거예요. 그래서 역사를 외우고 끝나는 데서 더 나아가 그 사실이 현재의 나에게 어떤 의미이고, 그래서 나의 삶이 어떻게 변화하게 될 것인가를 끊임없이 생각해야 해요. 이러한 이유로 저는 역사를 가르치며 학생들이 더 나은 삶을 살아갈 수 있도록 돕는다고 생각해 왔어요.

여러분은 이 책을 통해 정말 어려운 일에 도전하게 될 거예요. 한 권으로 고등 한국사를 끝내 보려고 하거든요. 하지만 걱정하지 말아요. 각 장마다 초등학교 4학년 예교, 중학교 2학년 현교, 고등학교 1

학년 운교의 질문으로 이야기가 시작되는데, 세 명의 질문이 아마 여러분도 한 번쯤 가졌던 의문이 아닐까 싶어요. 궁금했던 내용으로 시작해야 이야기가 더 쉽게 풀리지 않겠어요? 또 20년쯤 학교에서 수업을 하다 보니, 반복되는 역사 수업에서도 매번 새롭게 깨닫는 것이 있어요. 이 책에 수업 내용과 더불어 새로운 깨달음도 함께 담았어요.

그런데 역사 수업을 하면서 후회되었던 일들도 떠오르네요. 처음 수업을 하면서는 왜 그렇게 한자 공부를 하라고 했나 싶어요. 물론 한문을 많이 알면 역사 수업을 따라가는 데 수월한 것은 사실이에요. 광개토 대왕릉비 신묘년 기사를 칠판에 쓰고 해석해 주면서 나는 뿌듯하고 행복했지만, 학생들은 역사에 대한 두려움을 키웠지 않았을까 싶네요. 그래서 이제는 학생들이 한자를 모를 수도 있다고 생각하고, 한자 외우기를 강요하지 않아요. 한편, 한국사는 절대 암기 과목이 아니고 설명을 잘 듣고 상상력을 키우는 교과라고 우겨 댔던 것도 조금은 후회돼요. 무슨 과목이든 기본적인 지식은 암기를 바탕으로 해요. 역사도 마찬가지랍니다. 암기 과목은 절대 아니지만, 암기가 필요 없는 과목도 아니에요. 외우는 게 어려워서 역사가 싫다는 학생들이 많다 보니 어떻게든 학생들의 마음을 돌려 보려고 절대 암기 과목이 아니라고 우겨 댔던 것 같아요. 그래서 여기서는 진실을 말하려고요. 역사를 공부할 때는 상상력도 필요하고, 암기도 필요해요.

마지막으로 『한 번만 읽으면 확 잡히는 고등 한국사』를 읽는 여러분에게 꼭 하고 싶은 말이 있어요. 읽으면서 꼭 자기 생각을 품어 보라는 거예요. 그래서 궁금증이 생기면, 스스로 답을 찾아보세요. 그렇게 한다면 그 해답은 진짜 자신의 지식과 지혜가 될 거예요. 여러분이 수능을 볼 때도 이 책이 도움이 되는 책이었으면 하지만, 수능뿐 아니라 앞으로의 삶에도 도움이 되었으면 좋겠습니다.

차 례

PART 1 기록 이전 시대

인생에서 가장 중요한 사건은 무엇인가요?

역사를 배우는 이유

여러분의 인생에서 가장 중요한 사건은 무엇인가요? 쉽게 대답할수 있나요? 시간을 넉넉히 줄 테니 한번 생각해 보세요. 초등학교 4학년 예교는 코로나19 팬데믹 상황 때문에 학교에 가지 못하게 된 것이라고 대답했어요. 중학교 2학년 현교는 작가라는 꿈을 위해 글쓰기 수업을 듣기 시작한 일이라고 이야기했고요. 고등학교 1학년 운교는 자신의 할아버지가 돌아가신 날과 장례식이라고 말했어요. 어떤 이는 같은 시대 모든 사람이 함께 겪은 거대한 사건을, 어떤 이는 자신의 꿈을 찾고 인생의 방향을 잡게 된 시점을, 어떤 이는 사랑하는 사람의 죽음을 통해 삶과 죽음에 대해 처음으로 생각해 보았을 때를 자신의 인생에서 가장 중요한 순간으로 여기는 거예요.

그런데 자기 인생을 돌아보는 것이 그리 간단한 일은 아니에요. 태어났을 때부터 지금까지의 삶을 다 기억할 수 없을 뿐만 아니라, 앞으로 살아갈 날들이 남아 있기 때문에 그동안 있었던 일 중 가장 결정적인 사건이 무엇이었을지 쉽게 판단할 수 없어요. 다른 사람들이 봤을 때 '나'의 중요한 사건이 다를 수도 있어요. 예교나 현교, 운교의 부모님은 아이의 인생에서 가장 중요한 사건에 대해 완전히 다른 이야기를 할지도 몰라요.

한 개인의 인생을 돌아보는 일도 이렇게 쉽지 않은데, 한 나라의 역사를, 한 민족의 역사를, 전 인류의 역사를 되짚어 보고 그 의미를 찾는 일은 얼마나 어려운 일일까요?

본격적으로 한국사 이야기를 시작하기 전, 역사란 무엇인지에 대해 먼저 생각해 볼까요? 현대 역사학의 아버지라고 평가받는 레오폴드 폰 랑케는 역사를 쓸 때 '편견을 갖지 말고 역사적 사실을 있는 그대로 서술하라.'라고 했어요. 그런데 랑케의 말처럼 있는 그대로의 역사를 드러내는 일이 가능할까요? 당시 CCTV가 있었던 것도 아닌데, 얼마나 객관적인지 증명할 수 있을까요? 그래서 에드워드 헬릿 카는 '역사란 역사가와 과거에 일어난 사실 간의 상호 작용이며, 현재와 과거의 끊임없는 대화이다.'라고 말했어요. 어떤 입장을 가진 사람이 서술하냐에 따라 과거는 달라질 수밖에 없다는 점을 강조한 거예요. 둘 중 누구의 말이 더 맞는 것 같나요? 사실 꼭 둘 중 하나를 선택할 필요는 없어요. 역사는 랑케의 말처럼 '사실로서의 역사'로 지나온 사건과 남겨진 유물들 그 자체를 중요하게 생각하면 역사의 객관성이 강조되고, 카의 말처럼 '기록으로서의 역사'로 과거에 남겨진 사실 가운데 역사가가 중요하게 생각하는 사건들을 취사선택하여 정리하면 역사의 주관성이 강조되는 거예요. 역사는 두 가지 특징을 모두 가질 수밖에 없어요. 그래서 역사를 읽는다는 것은 그 내용이 객관적 사실이 맞는지, 어떤 처지에서 선택되고 서술되었는지를 생각해 보아야 한다는 사실을 의미하기도 해요. 역사의 객관성, 그리고 이해와 해석의 방법에 대해 잘 알고 있어야 올바른 역사를 파악할 수 있답니다.

그렇다면 우리는 역사를 왜 배우는 걸까요? 역사를 배운다고 할 때, 우리는 과거를 배우는 걸까요, 현재를 배우는 걸까요, 미래를 배우는 걸까요? 많은 사람이 아마도 '과거'를 배우는 것이 역사라고 대답할 거예요. 하지만, 역사를 배운다는 것은 과거를 통해 우리가 현재의 어디쯤 서 있는지 알고, 앞으로 어디로 어떻게 가야 하는지를 깨닫는 것이라고 말할 수 있어요. 단순히 과거에 어떤 일들이 일어났는지만을 아는 것이 아니라 현재의 나와 앞으로의 나에 대해 고민하고 생각해 보는 거예요. 우리가 식민지 시대의 역사를 배우는 것은 뼈아픈 역사를 통해 식민지 시대의 유산이 현재 우리에게 어떤 형태로 남아 있는지, 앞으로 다시 반복하지 않으려면 어떻게 살아가야 할지에 대해 교훈을 얻기 위해서예요. 이제 역사를 배우는 이유를 알겠지요?

역사의 '시대적 과제'

만약 내가 과거에 살고 있다면 가장 큰 고민은 무엇일지 한번 생각해 볼까요?

이 질문이 어렵다면 이렇게 해 보세요. 과거 우리나라에는 신분 제도가 있었어요. 태어나면서 정해지는 사회적 위치라고 할 수 있는데, 먼저 내 신분을 정하고 고민을 떠올리면 조금 더 쉬워질 거예요.

조선 전기에 해당하는 근세 시대 왕, 세종 대왕의 고민은 무엇일까요? 우리는 그 답을 이미 알고 있어요. 맞아요. 고민은 '한글'의 탄생으로 이어져요. 각 시대의 중요한 고민을 어려운 말로 '시대적 과제'라고 말할 수 있는데, 만약 여러분이 각 시대의 시대적 과제에 대해 쉽게 대답할 수 있다면, "짝! 짝! 짝!" 역사에 대단히 소질이 많은 거예요. 박수를 받을 만한 대답을 한번 써 볼까요?

선사	저는 원시인인데요, 날카로운 발톱이 없어서 고민이에요.[1]

---

1) 도구를 만들어야겠어요.

고대	나는 왕인데요, 세 나라가 계속 전쟁을 하고 있어서 나라가 불안정한 게 고민이에요.[2]
중세	나는 태조 왕건인데요, 고구려의 옛 땅을 어떻게 회복할지 고민이에요.[3]
근세	나는 세종 대왕인데요, 백성들이 쉽게 사용할 수 있는 글자가 없어서 고민이에요.[4]
근대	나는 김구인데요, 어떻게 나라를 독립시킬 수 있을지 고민이에요.[5]
현대	기후 변화로 인한 이상 기후 현상이 많아져서 고민이에요.[6]

---

2) 어떻게든 삼국을 통일해야겠어요.
3) 고구려의 옛 땅과 영광을 되찾는다는 의미로 나라 이름을 고려라고 하고 북진 정책을 추진해야겠어요.
4) 한글을 창제해야겠어요.
5) 나라를 되찾기 위해 한인 애국단을 조직해야겠어요.
6) 화석 연료 사용을 줄이는 정책을 만들어야겠어요.

왜 목기 시대는 없을까요?

구석기 시대, 신석기 시대

초등학교 4학년인 예교는 선사 시대에 대해 잘 알고 있어요. 그럼 똑똑한 예교에게 질문을 해 볼까요? 구석기 시대와 신석기 시대 모두 돌로 만든 도구를 사용하는 시대라고 할 수 있어요. 그런데 왜 구석기, 신석기로 시대를 나누었을까요? 아~! 돌을 다루는 방식이 달라져서 그렇대요. 맞아요. 돌로 도구를 만드는 방식이 바뀌었답니다. 구석기 시대에는 돌에다 돌을 내리쳐서 떼어 내는 방식으로 도구를 만들었고, 신석기 시대에는 돌에다 돌을 갈아 내는 방식으로 도구를 만들었어요. 그렇다면 청동기 시대와 철기 시대의 이름에는 어떤 의미가 있을까요? 맞아요. 말 그대로 청동기로 도구를 만들고, 철기로 도구를 만들었기 때문이에요. 그렇다면 가장 중요한 두 가지 질문을 해 볼까요? 첫 번째, 석기 시대는 돌로 만든 도구만, 청동기 시대는 청동기로 만든 도구만, 철기 시대는 철기로 만든 도구만 사용했을까요? 이어서 두 번째 질문, '오늘까지 구석기 시대이고 내일부터 신석기 시대야.'라고 이야기할 수 있을까요?

첫 번째 질문의 답은 당연히 '아니다'예요. 도구를 만드는 새로운 재료가 등장하면 그 재료의 이름을 따서 시대의 이름을 정했지만, 당연히 이름이 붙은 그 재료로만 도구를 만들지는 않았어요. 청동기 시대에는 석기가 당연히 존재했고, 철기 시대에는 석기와 청동기가 당연히 존재했어요. 그리고 근본적으로 인간은 석기를 가장 먼저 사용한 거 같지는 않아요. 더 다루기 쉬운 재료가 있었답니다. 바로 나무예요. 그렇다면 왜 '목기 시대'는 없을까요? 맞아요. 나무로 만들어진 선사 시대의 도구는 지금까지 남아 있을 수 없기 때문이에요. 결국 선사 시대를 구분하는 중요한 기준은 '현재까지 남아 있으며, 도구를 만드는 새로운 재료'가 되었어요. 그래서 '목기 시대'는 없는 거랍니다.

두 번째 질문의 답 역시 '아니다'예요. 시대 구분이라는 것은 굉장히 임의적이에요. 언제부터 시대가 바뀌었는지를 정확히 나눌 수 없을뿐더러, 나라마다 지역마다 시대가 다를 수밖에 없어요. 어느 지역은 여전히 석기 시대이지만 다른 지역은 청동기 시대일 수도 있는 거예요. 따라서 시대 구분은 어느 지역의 역사를 다루는지에 대한 판단이 전제되어야 해요.

우리나라의 선사 시대의 무대는 만주와 한반도예요. 세계사와 흐름과 방향은 같지만, 구체적 연대나 시기는 지역마다 다르답니다. 약 70만 년 전부터 만주와 한반도에 구석기 시대 사람들이 살기 시작한

| 주먹도끼, 국립 중앙 박물관

것 같아요. 구석기 시대 사람들은 동굴이나 바위 그늘과 같은 데서 살았는데, 이들은 나무 열매, 뿌리 등을 채집하거나 사냥을 통해 먹고 살면서 이동 생활을 했어요. 먹을거리가 떨어지면 언제라도 이동해야 하니까 집을 지을 필요가 없었던 거예요. 이들은 처음에는 주먹도끼와 찍개 등과 같이 돌에서 돌을 떼어 내어 만든 뗀석기를 여러 가지 용도로 사용했어요. 그리고 시간이 점점 지나면서 밀개, 긁개 등 용도가 있는 도구들을 별도로 만들었어요.

만주와 한반도에서는 기원전 8000년경부터 신석기 시대가 시작된 것 같아요. 신석기 시대 사람들은 여전히 채집과 사냥, 물고기잡이를 통해 식량을 확보했어요. 하지만 삶에 큰 변화가 다가오고 있었어요. 바로 농사와 목축이 시작된 거예요.

신석기 시대 사람들은 주로 강가나 바닷가에 움집을 짓고 살았어요. 아직 물고기잡이가 중요해 물가에 살았지만, 농사를 시작했기 때문에 정착 생활을 위한 집을 지었어요. 돌을 갈아서 만든 간석기를 사용했고, 음식을 조리하고 저장하기 위해 흙으로 빚어 불에 구운 토기를 만들었어요. 특히 토기는 구석기 시대에는 없었던 것인데, 이전 시대에는 없었다가 새롭게 생겨난 도구의 의미를 깊이 생각해 볼 필요가 있어요. 토기의 용도는 앞에서 말했던 조리와 저장인데, 그중 '저장'에 주목해야 해요. 단순히 채집과 사냥으로만 끼니를 해결할 때에는 음식물을 저장할 필요가 많지 않았어요. '저장'이라는 것은 곧 농사의 시작을 통해 생겨난 필요라고 할 수 있어요. 땅에 씨를 뿌렸으니 거두어야겠지요? 그러니 정착해서 살 필요가 있었고, 정착 생활을 위한 집도 필요했어요. 결국, 토기와 농사와 정착 생활은 따로따로 생각하지 말고 연결해서 생각해야 해요.

우리나라에서 가장 대표적인 신석기 시대의 토기는 빗살무늬 토기예요. 이른 민무늬 토기, 덧무늬 토기도 있어요. 빗살무늬 토기는 아래쪽이 뾰족한데, 우리 상식과는 좀 다른 형태인가요? 그릇은 아래가 평평해야 어디든 잘 내려놓을 수 있잖아요. 자, 처음에 언급한 물가에 정착했던 신석기 시대 사람들 얘기 기억나나요? 농사를 시작했

| 빗살무늬 토기, 국립 중앙 박물관

지만 아직 사냥, 채집, 물고기잡이가 중요해서 강가나 바닷가에 살았던 이들은 모래 위에 집을 짓고 살았어요. 그렇기 때문에 그릇을 평평하게 세우려면 땅에 꽂아서 사용해야 했던 거예요.

한 가지 더, 만약 여러분이 우리나라의 구석기 시대와 신석기 시대 사람들을 만난다면 그들을 구별할 수 있을까요? 답은 '구별할 수 있다'예요. 어떻게 구별할 수 있냐고요? 바로 옷이에요. 신석기 시대에는 가락바퀴와 뼈바늘을 이용해 옷을 만들어 입었어요. 몸에 어떤 것을 걸치고 있는지를 보면 충분히 구별할 수 있겠지요?

시대의 구분

시대는 어떻게 구분할까요? 흔히 시대를 구분할 때는 '선사-고대-중세-근대-현대'로 나누어 파악해요. 그런데 우리나라 역사에는 다른 나라의 역사에는 없는 시대가 하나 더 있어요. 아래의 표처럼 중세와 근대 사이에 '근세'라는 시기예요.

선사	고대	중세	근세	근대	현대
기록 이전 시대	삼국 시대 남북국 시대	고려	조선 전기	조선 후기 식민지 시대	1945.8.15. 이후

앞에서 다룬 선사 시대는 기록 이전 시대라고 부를 수 있어요. 한자로 '선사(先史)'라는 말은 '先(먼저)'과 '史(기록)', 두 글자가 합쳐진 것으로 기록보다 먼저 있었던 시대를 의미한답니다.

국가가 생기면 백성들은 행복해질까요?

청동기 시대, 철기 시대

중학교 2학년 현교에게 '왜 사람들에게 국가가 필요할까?', '국가가 생기면 사람들은 행복할까?'라는 질문을 했어요. 현교는 사람들이 모여 살기 위해서는 '질서'가 필요한데, 국가가 보장해 주는 최소한의 삶을 위한 '질서'는 국가에서 제공해야 하는 것이 아니냐고 대답했어요. 질서 밖의 삶을 경험해 보지 못했기 때문에 당연히 나올 수 있는 답인 것 같아요. 여러분은 어떻게 생각하나요? 우리나라에 생겨난 최초의 국가는 고조선이에요. 과연 고조선의 성립은 사람들을 행복하게 만들었을까요? 일단 청동기 시대에 관해 이야기를 듣고, 다시 한번 생각해 보도록 해요.

기원전 2000년경 전후, 만주에 등장한 청동기는 기원전 1000년경부터 한반도에 나타나기 시작했어요. 청동기 시대에는 비파형 동검과 거친무늬 거울 같은 청동기 도구가 등장했는데, 주로 지배층이 사용한 것 같아요. 새롭게 청동기가 등장하긴 했지만 여전히 간석기가 사용되었는데, 반달돌칼, 바퀴날 도끼, 홈자귀 등 농사에 사용하는 도구들이 많았어요. 신석기 시대에 시작된 농사와 목축은 청동기 시대에 널리 일반화되었고, 벼농사가 시작된 곳도 있었어요. 양쪽 옆에 손잡이가 달린 미송리식 토기나 민무늬 토기, 붉은 간 토기 등과 같은 토기도 만들어졌어요. 이 시대 사람들은 이제 농사에 전력을 다하기 시작했기 때문에 농사가 잘되는 '배산임수' 지역에 정착해 살았어요.

농사가 발달하면서 자연스럽게 사유 재산과 빈부의 격차가 나타났어요. 또 청동제 무기를 사용해 정복 활동이 시작되면서 지배층과 피지배층이 생겨나고 계급이 만들어졌어요. 계급의 발생은 군장의 등장과도 연결되는데, 최초의 지배자인 군장은 청동 방울, 청동 거울 등을 가지고 제사를 지내는 제사장이었어요. 당연히 농사가 잘되길 바라는 마음을 하늘에 전달하는 제사였을 거예요. 청동기 시대의 대표적인 무덤인 고인돌은 많은 인력을 오랫동안 동원해야 만들 수 있는 것으로 무덤 주인인 군장의 경제력과 정치 권력을 보여 주는 증거예요. 이러한 청동기 문화를 바탕으로 고조선은 건국되었어요. 우리나라 최초의 지배자인 단군왕검의 단군은 제사장이라는 의미를, 왕검은 정치 지배자라는 의미를 담고 있어요. 또 고조선의 영역은 비파형 동검, 탁자식 고인돌, 미송리식 토기가 분포한 지역을 통해 추정할 수 있어요.

고조선은 최초의 정치적 지배자가 제사를 지내는 제사장의 역할도 맡고 있었다는 사실로 제정일치 사회였음을 알 수 있답니다. 대부분 농사를 짓고 사는 사람들은 하늘을 쳐다보면서 농사가 잘되기를 기원했을 거예요. 하지만 자신들의 말이 하늘에 닿았는지는 알 수 없었답니다. 그런데 하늘과 소통하는 능력을 갖춘 존재가 있다면 어땠을까요? 그를 믿고 따를 수밖에 없었을 거예요. 국가와 지배자의 탄생은 백성들의 잘 먹고 잘 살고 싶은 소망과 밀접한 관련이 있는 것 같아요. 지배자는 그러한 백성들의 마음을 잘 이용하여 더 큰 권력을 얻을 수 있었을 것이고요. 이러한 이해관계가 맞아떨어져 국가가 탄생하고 '지배'를 위한 질서가 만들어지기 시작했어요. 그러고 보면 현교의 대답이 추상적이긴 해도 적절한 것 같지 않나요?

기원전 5세기경 만주와 한반도에는 철기 문화가 유입되었어요. 단단한 철기로 만든 농기구가 등장하면서 농업 생산력은 비약적으로 높아졌고 인구도 증가했어요. 또 철제 무기가 널리 사용되면서 전쟁이 자주 일어나게 되었어요. 여전히 청동기도 만들어져 사용되었는데, 특히 한반도에는 독자적인 청동기 문화가 완성되었어요. 비파형 동검이 세형 동검으로, 거친무늬 거울이 잔무늬 거울로 바뀌면서 우리나라 고유의 형태를 갖게 되었어요.

토기는 민무늬 토기, 덧띠 토기, 검은 간 토기를 사용했어요. 무덤은 나무 널을 이용한 널무덤, 항아리를 이용한 독무덤 등이 나타났고요. 우리나라 철기 시대 유적에서는 중국의 화폐인 명도전, 반량

전, 오수전 등이 발견되었는데 아마 중국과 활발히 교류했던 것 같아요. 특히 경남 창원 다호리 유적에서는 붓이 발견되었는데, 글씨를 썼다는 증거로 여겨 초기 철기 시대에 기록이 시작되었음을 알수 있어요. 고조선은 위만의 등장과 철기의 보급으로 큰 변화를 겪어요. 기원전 3세기경에 부왕, 준왕 같은 왕이 등장하여 왕위를 세습하고 권력을 키우며 국가의 체제를 정비했어요. 그리고 기원전 2세기에 위만 무리가 고조선에 들어와 세력을 키우고 수도를 공격해 준왕을 몰아내고 스스로 왕이 되면서 격변을 겪어요. 위만 조선은 철기

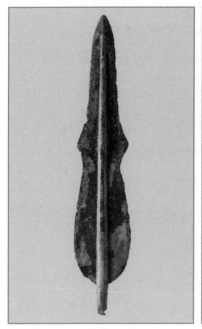 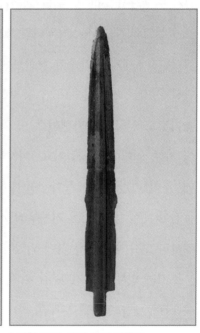

| 비파형 동검, 국립 중앙 박물관 | 세형 동검, 국립 중앙 박물관

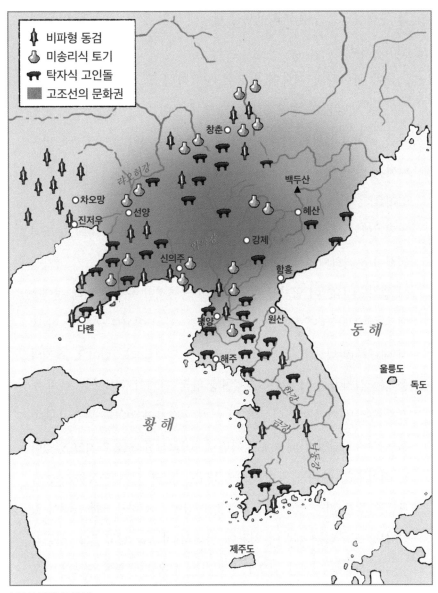

| 고조선의 문화권

를 본격적으로 수용하고 세력을 확대해 나가면서 고조선을 더욱 발전시켰어요.

중국 한나라의 침략에 완강히 저항하던 고조선은 결국 기원전 108년에 멸망해요. 한은 고조선의 땅에 군현을 설치했어요. 이 군현들은 군현이 설치된 지역 사람들의 저항으로 거의 없어졌는데, 마지막까지 남아 있던 낙랑군은 고구려의 미천왕에 의해서 사라지게 되었어요.

철기의 사용이 활발해지면서 농업 생산력이 더욱 증대되고, 정복 전쟁이 본격화되면서 부여, 고구려, 옥저, 동예, 삼한 등 초기 국가들이 생겨났어요. 이 국가들은 군장들이 군사적인 목적을 위해 연맹을 맺은 '연맹 왕국' 단계의 형태를 띠었어요. 왕이 있어도 군장 중 한 명이 대표를 맡았으며, 각 군장은 독자적인 영역을 다스렸어요. 옥저와 동예는 심지어 왕이 없었어요. '연맹 왕국' 단계의 국가들은 크게 두 가지 특징을 가지고 있었는데, 첫 번째는 각자의 영역과 풍습이 독자적으로 유지되었기 때문에 국가별로 독특한 풍습을 가지고 있었다는 점이에요. 부여는 왕이 죽으면 많은 사람을 함께 순장하는 풍습과 도둑질한 자는 물건값의 12배를 배상하도록 하는 1책 12법이 있었어요. 고구려는 신랑이 처가에 살면서 자식을 낳고 일을 하다가 자식이 성장하면 신랑 집으로 돌아가는 서옥제와 형이 죽으면 아우가 형수를 아내로 맞이하는 형사취수제라는 혼인 풍습이 있었어요.

한편 고구려의 건국자 주몽은 부여에서 옮겨 온 사람으로 그 계통이 이어져 있는데, 고구려가 5부족 연맹체이며 왕 바로 아래에 '가(加)'들이 있었다는 점에서 부여와 공통점을 가지고 있어요.

앞서 언급했던 것처럼 옥저와 동예는 왕이 없었어요. 그 이유를 세력이 강했던 고구려의 영향이라고 생각하기도 해요. 옥저는 고구려에 공납을 바쳤고, 민며느리제라는 혼인 풍습과 가족 공동 무덤을 만드는 장례 풍습이 있었어요. 동예는 책화라는 풍습이 있었는데, 다른 부족의 영역을 침범하는 것에 대해 노비나 말, 혹은 소 등으로 배상했대요. 동예의 책화는 동예만의 풍습에서 더 나아가 '연맹 왕국' 단계 국가들의 특징으로 확대해 볼 수도 있어요. 연맹으로 하나가 되었지만 각자 자신들의 영역과 지배가 이루어졌다는 사실, 잘 기억하고 있겠지요?

고조선 멸망 이후, 한반도 남부 토착 세력과 고조선 유이민 세력이 함께 모여 마한, 진한, 변한이 성립되었어요. 삼한은 군장이 다스리는 곳과 제사장인 천군이 다스리는 곳이 나누어져 있었고, 천군이 다스리는 곳은 소도라고 불렀어요. 소도는 신성한 장소여서 죄인이 그곳으로 도망가도 잡지 못했대요. 정치적 지배력이 소도에는 미치지 못했다는 뜻으로 삼한이 제정 분리 사회였음을 명확히 보여 주고 있어요.

'연맹 왕국' 단계 국가들의 두 번째 특징은 각자 독자적인 영역과 풍속을 유지하고 있다가, 유사시 즉 전쟁이 일어났을 때 어떻게 하나의 연맹으로 움직일 수 있었는지와 관련이 있어요. 결론부터 말하면 이 단계의 국가들은 모두 함께 제천 행사를 치르면서 연맹의 느슨한 연결이 끊어지지 않도록 했던 것 같아요. 부여는 12월에 영고를, 고구려는 10월에 동맹을, 동예는 10월에 무천을, 삼한은 5월과 10월에 하늘에 제사를 지냈어요. 이러한 제천 행사는 풍요를 기원하고 잘 먹고 잘 살기 위한 소망을 담은 제사이기도 했지만, 같은 연맹이라는 것을 되새기기 위해서도 꼭 필요했던 것 같아요.

고조선의 8조법

고조선에서는 생명을 존중하고 사유 재산을 중요하게 생각했던 것 같아요. 그런데, 법이 8개만 있던 사회는 안정된 사회였을까요, 불안정한 사회였을까요? 법의 개수가 점점 늘어나면서 사회는 복잡해지고 질서가 차츰 잡혀 가는 것으로 볼 수도 있을 테지만, 반대로 그만큼 각박해졌다고 볼 수도 있지 않을까요?

> "사람을 죽인 자는 즉시 죽이고, 남에게 상처를 입힌 자는 곡식으로 배상하며, 도둑질한 자는 노비로 삼는다. 용서받고자 하는 자는 한 사람당 50만 전을 내야 한다. 그러나 비록 (노비를) 면하여 평민이 되더라도 사람들은 이를 수치스럽게 여겼다. 여자는 배필이 없는 남자와 결혼하였다. 백성들이 도둑질하지 아니하므로 문단속을 하지 않으며, 부인들은 정숙하고 음란하지 않았다."
>
> - 『한서』 지리지

PART 2 고 대

삼국 시대의 왕들을 외워야 하나요?

삼국의 형성과 발전

고등학교 1학년인 윤교는 중학생 때부터 가졌던 궁금증이 있어요. 역사는 암기 과목이 아니라더니, 삼국 시대에는 너무 많은 왕이 등장하고 그 업적을 다 외워야 시험을 볼 수 있었거든요. 그 많은 왕의 이름과 업적을 외우는 것이 중요할까요? 그런데, 혹시 알고 있나요? 우리가 배우는 고구려, 백제, 신라의 왕들은 결국 업적이 모두 하나로 연결된다는 것을요. 그럴 리가 없다고요? 그렇게 생각한다면 지금부터 제 얘기를 잘 들어 보세요.

옥저와 동예, 삼한은 삼국과 가야에 점차 통합되었어요. 삼국은 주변 소국들을 점령하면서 연맹 왕국 단계를 넘어서 고대 국가가 되어 갔어요. 고대 국가는 한마디로 중앙 집권 국가라고 설명할 수 있는데, 왕이 왕권을 강화하고 율령을 반포하여 통치 체제를 정비하고 불교를 수용하면서 백성의 사상도 통일한다는 특징을 가지고 있어요. 우리가 아는 힘이 센 왕이 다스리는 국가가 바로 이러한 고대 국가예요. 따라서 우리가 삼국 시대, 남북국 시대와 같이 고대 국가가 형성되고 발전되는 시기와 관련해 배우는 왕들은 모두 '어떻게 중앙 집권 국가가 되어 가는가?', 혹은 '어떻게 왕권을 강화하는가'에 대한 답을 찾기 위한 것으로 생각하면 돼요.

왕권 강화는 먼저 정복 전쟁과 밀접한 관련이 있어요. 정복 전쟁에서 이겨 영토를 확장하면 확장할수록 전쟁을 이끌었던 왕의 권력은 강화돼요. 왕들은 강화된 왕권을 바탕으로 체제를 정비하는데, 왕을 중심으로 수직적 질서를 만들어 가며 국가의 제도와 법률을 정비한답니다. 마지막으로 강력한 권력자 아래 '한 나라의 백성'이라는 생각을 갖게 하기 위해서는 모든 백성의 사상들을 하나로 통합할 만한 거대 종교가 필요해요. 마침 중국에 불교가 있었고, 이러한 필요에 의해 불교는 자연스럽게 삼국으로 수용되었습니다. 이러한 일련의 과정과 관련된 왕들을 배운다는 개념을 명확히 가지고 공부한다면 단순 암기의 단계가 아닌 그다음 단계의 배움을 얻을 수 있을 거예요.

고대 국가 형성기의 삼국

고구려는 고구려를 건국했던 주몽에 이어서(기원전 37), 고대 국가가 형성되는 시기에 옥저를 정복하고 요동 지방에 진출하였던 태조왕부터 기억해 두면 좋아요. 1세기 후반 태조왕은 영토 확장을 통해 왕권을 강화하면서 계루부 고씨만 왕이 될 수 있도록 했어요. 왕권이 강화되면서 왕이 될 수 있는 사람들의 범위는 점점 더 줄어드는

데, 하나의 성씨가 독점적으로 왕위를 계승하다가 한 집안, 더 나아가 장자에게 세습하는 방향으로 변화했다고 여기면 돼요. 2세기 후반 고국천왕은 부족적 전통의 5부를 행정적 성격의 5부로 바꾸었는데, 독자적 영역을 유지하던 부족적 5부가 왕이 다스리는 5개의 행정 구역이 되었다는 것을 통해 왕권이 그만큼 강해졌다는 사실을 알 수 있어요. 4세기 초 미천왕은 한사군 중 마지막까지 존재했던 낙랑군과 대방군을 몰아내고 대동강 유역을 차지했어요. 4세기 중반 백제의 침략으로 위기도 있었으나 소수림왕은 불교를 수용하고, 율령을 반포하여 왕권 강화를 이루었어요. 또 국가 교육 기관인 태학을 설립했는데, 왕이 학교를 세운다는 것은 인재를 키워 왕의 충성스러운 관료를 배출한다는 의미이므로 매우 중요해요.

백제는 고구려에서 온 주몽의 아들 온조가 세웠어요(기원전 18). 이는 백제가 '고구려 계통'이라는 의미예요. '계통'이라는 말이 굉장히 중요한데, 역사적 원류가 어느 나라와 연결되느냐에 따라 어떤 문화와 전통을 이어받았는지 알 수 있기 때문이에요. 고구려의 장군총과 백제의 석촌동 계단식 돌무지무덤을 비교하면 고구려의 무덤 양식을 계승한 백제의 무덤 양식을 확인할 수 있는데, 이를 통해 두 나라가 같은 '계통'임을 확인할 수 있어요. 결론적으로 백제는 우수한 철기 문화를 바탕으로 하는 고구려 사람들과 한강 유역에 살던 사람들이 함께 세운 나라라고 볼 수 있어요.

| 서울 석촌동 고분, 문화재청

  백제는 3세기 고이왕부터 기억해 두는 게 좋아요. 고이왕은 삼한 중에서 마한의 목지국을 병합하면서 영토를 확장했는데, 이 시기 한강 유역을 차지하게 돼요. 6좌평과 16관등제를 시행하였다고 하는데, 두 가지 모두 관료 제도 정비와 관련이 있어요. 6좌평은 나라에서 가장 높은 귀족 6명을 관료로 두었다는 것인데, 그중 가장 높은 사람을 상좌평이라고 불렀어요. 16관등제는 관리들의 등급을 16단계로 나누었다는 건데, 그뿐만 아니라 관복제를 만들어서 신하들의 등급에 따라 옷 색을 달리 입도록 했대요. 관리들의 신분을 철저히 수직적으로 관리하고, 관복의 색을 통해 눈으로 신분을 확인할 수 있도록 한 것은 왕 아래로 줄을 똑바로 세워서 왕을 더욱 드높인 것으로 볼 수 있어요.

| 호우명 청동 그릇, 국립 중앙 박물관

   마지막으로 **신라**는 삼한 중 진한의 사로국을 중심으로 성립되었어
요(기원전 57). 처음 신라의 왕은 박·석·김씨가 교대로 하였는데, 4세
기 후반부터는 김씨만 왕위를 세습하며 내물마립간 시기를 맞았어
요. 아직 '왕'이 아니라 '마립간'으로 부른 시기이지만, 왕이 되는 범위
가 이렇게 좁아졌다는 것은 점점 왕권이 강해졌다는 것을 뜻해요.
왕이 될 수 있는 범위가 점점 좁아질수록 왕권이 강화되었다는 사실
은 기억하고 있겠지요? 한편 광개토 대왕릉비에는 신라가 고구려 광
개토 대왕의 도움을 받아 신라에 침입한 왜를 물리치면서 고구려의

간섭을 받게 된 기록이 적혀 있어요. 이를 뒷받침하는 유물이 바로 그 유명한 신라 호우총에서 나온 호우명 그릇이랍니다.

2세기 이후에 삼한 중 변한에서는 철기 문화를 바탕으로 한 정치 집단이 성장했어요. 3세기경에는 김해의 **금관가야**를 중심으로 전기 가야 연맹이 성립됐어요. 이곳에서는 질 좋은 철이 생산되었는데, 낙 랑과 왜로 수출도 했다고 알려져 있어요. 훗날 금관가야는 신라를 지원하러 내려온 고구려군의 공격으로 세력이 크게 약화됐어요.

삼국의 발전과 전성기

삼국 가운데 가장 먼저 전성기를 맞이한 국가는 백제였어요. 4세 기 중반 근초고왕은 마한 지역까지 영토를 차지하고, 평양을 공격해 고구려의 고국원왕이 전사하도록 만들었어요. 근초고왕 대의 백제 는 삼국의 어떤 왕보다 다른 나라와의 교류가 활발했어요. 혹시 칠 지도라고 들어 봤나요? 칠지도는 백제와 왜의 교류를 잘 보여 주고 있어요. 칠지도에 대한 양국의 해석은 조금 달라요. 우리나라는 칠 지도를 백제의 발전된 금속 공예 기술과 일본과의 교류를 읽을 수 있는 유물로 판단하지만, 일본은 칠지도를 백제가 일본을 섬긴다는 뜻을 담은 조공품이라고 이야기해요. 이와 별개로 백제의 침류왕은 동진에서 불교를 받아들였어요. 불교를 수용해 백성들의 사상을 통 합하고 왕실의 권위를 높이며 왕권을 강화했답니다.

4세기 말부터 고구려 광개토 대왕은 왕의 이름에서도 알 수 있듯이 고구려의 영토를 광대하게 넓혔어요. 광개토 대왕은 서쪽의 후연, 북쪽의 거란, 동쪽의 동부여를 정복했어요. 남쪽으로는 신라에 쳐들어온 왜를 물리쳐 주면서 신라에 대한 영향력을 강화했어요. 이때 광개토 대왕은 '영락(永樂)'이라는 연호를 사용했는데, 연호는 중국만 만든다는 통념에서 벗어난 것으로 중국과 대등함을 드러냈다고 볼 수 있어요. 이러한 광개토 대왕의 업적은 아들 장수왕이 광개토 대왕릉비를 세워 기록해 지금까지 전해지고 있어요. 광개토 대왕을 이은 장수왕은 대외적으로는 중국의 남북조와 교류하면서 해외로 영향력을 확대하였고, 대내적으로는 수도를 국내성에서 평양으로 옮기며 남쪽으로 영토를 넓히려는 의지를 강력하게 드러냈어요. 장수왕이 두려웠던 백제와 신라는 손을 잡고 고구려를 막아 보려고 했지만, 결국 백제는 수도 한성을 고구려에게 빼앗기고 말았어요.

백제는 수도를 빼앗기고 웅진으로 수도를 옮겼어요(475). 6세기 무령왕은 왕족을 22담로에 파견하면서 왕의 지방 통제력을 높였는데, 왕의 친척을 지방관으로 보내면서 왕에게 반발할 수 있는 여지를 없앴어요. 무령왕은 중국 남조와 활발히 교류했던 것 같아요. 남조의 무덤 양식이었던 벽돌무덤으로 만들어진 무령왕릉을 통해 그 사실을 확인할 수 있어요.

백제의 성왕은 급하게 옮겼던 웅진(공주)보다 수도로 삼을 만하다

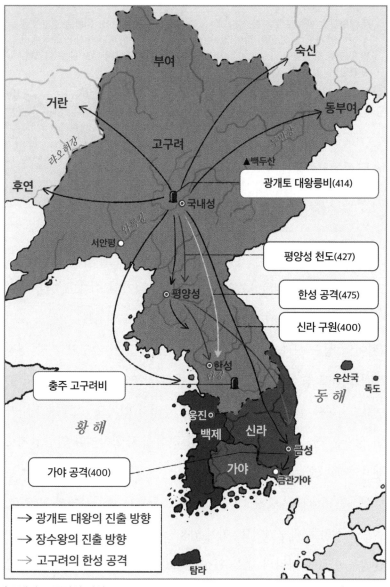

부여

거란

숙신

동부여

고구려

▲백두산

국내성

광개토 대왕릉비(414)

요오허강

후연

압록강

서안평

평양성 천도(427)

평양성

한성 공격(475)

신라 구원(400)

충주 고구려비

한성
한강

우산국

독도

동 해

황 해

웅진

백제

신라

금성

가야 공격(400)

가야

금관가야

→ 광개토 대왕의 진출 방향
→ 장수왕의 진출 방향
→ 고구려의 한성 공격

탐라

| 5세기 고구려의 영역

| 무령왕릉의 발견

고 보였던 사비(부여)로 수도를 옮겼어요. 국가의 이름도 '남부여'로 바꾸었어요(538). 백제의 제2의 전성기를 이끌고자 했던 성왕의 노력은 어느 정도 성과를 거둔 것 같아요. 중앙 정치 제도와 지방 행정 조직을 왕을 중심으로 정비하였고, 중국 남조와 활발하게 교류도 했어요. 일본에 불교도 전해 주었다고 알려져 있어요. 이렇게 잘나가던 성왕은 신라와 동맹을 맺고 한강 하류를 탈환하려다 안타깝게도 신라의 배신으로 관산성에서 전사해요.

신라는 6세기 지증왕 대에 처음으로 왕호를 마립간에서 '왕'으로, 국호를 '신라'로 바꾸었어요. 이어 법흥왕은 왕 이름에서 알 수 있듯이 율령을 반포해 나라의 법을 완성했어요. 17관등이라는 관료의 등급을 정하고, 관리의 등급에 따라 입을 수 있는 옷 색깔도 정했습니다.

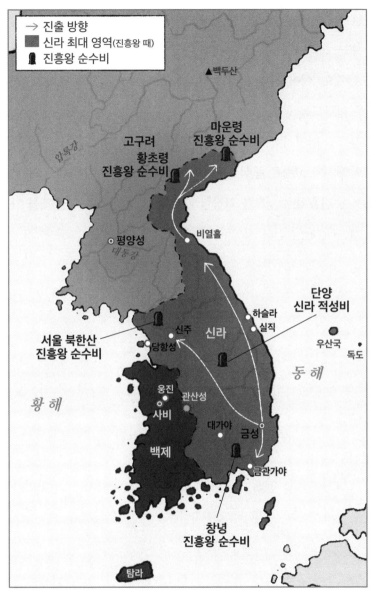

| 신라의 영토 확장

'건원'이라는 연호를 사용했을 뿐 아니라, 불교도 수용했어요. 법흥왕 대는 신라의 격변기인 동시에 왕권이 강해진 시기라고 볼 수 있을 것 같아요. 이어 진흥왕 대의 신라는 드디어 전성기를 맞아요. 진흥왕은 화랑도를 통해서 인재를 키우고, 황룡사를 지어 왕실을 중심으로 불교를 발전시켰어요. 또 한강 유역을 차지하고, 금관가야의 세력이 약해지자 고령을 중심으로 성장하였던 고령의 대가야도 정복했어요(562). 진흥왕은 영토를 확장할 때마다 비석을 세워 그 경계를 확실히 했는데, 단양 신라 적성비와 4개의 순수비가 바로 그것이에요.

삼국의 불교 유물과 유적

비석	석탑	불상	향로
이차돈 순교비 (신라)	익산 미륵사지 석탑(백제)	서산 용현리 마애여래삼존상 (백제)	백제 금동대향로 (백제)
	부여 정림사지 5층 석탑(백제)	금동미륵보살 반가사유상(삼국)	
	경주 분황사 석탑(백제)	금동연가7년명여래입상(고구려)	

6두품은 왜 불만이 많았을까요?

삼국의 신분 제도

초등학교 4학년 예교에게 물어봤어요. 신라의 지배층은 꼭대기인 진골부터 시작해서 6두품, 5두품, 4두품으로 총 4개가 있었는데, 이들 중 누가 가장 큰 불만이 있었을까요? 예교는 당연히 가장 낮은 지배층인 4두품이래요. 지배층 중에서도 가장 낮은 신분에 속하니 불만이 있을 게 당연하잖아요? 여러분도 그렇게 생각하나요? 그런데 정답은 6두품이에요. 6두품의 불만이 얼마나 컸는지, 신라를 망하게한 것도 결국 이 6두품 세력이었거든요. 지금부터 그들의 사정에 대해 한번 이야기를 들어 볼까요?

표가 보이나요? 이 표는 정말 많은 이야기를 담고 있어요. 일단 세로의 관등의 개수를 볼까요? 맞아요. 신라는 관리의 등급이 17단계로 나뉘어 있었어요. 1등급이 가장 높은 이벌찬이고, 17등급이 가장 낮은 조위예요. 그런데 가로를 한번 보세요. 가로에는 진골, 6두품, 5두품, 4두품이라는 신분이 쓰여 있어요. 신분은 태어날 때부터 정해지는 것으로 신라에서는 이를 '골품'이라고 불렀어요. 이제 가로와

등급	관등명	골품				공복
		진골	6두품	5두품	4두품	
1	이벌찬	■				자색
2	이　찬	■				
3	잡　찬	■				
4	파진찬	■				
5	대아찬	■				
6	아　찬	■	■			비색
7	일길찬	■	■			
8	사　찬	■	■			
9	급벌찬	■	■			
10	대나마	■	■	■		청색
11	나　마	■	■	■		
12	대　사	■	■	■	■	황색
13	사　지	■	■	■	■	
14	길　사	■	■	■	■	
15	대　오	■	■	■	■	
16	소　오	■	■	■	■	
17	조　위	■	■	■	■	

| 골품과 관등제

세로를 합쳐 볼까요? 가로의 골품에 따라 세로의 관등이 정해지는 것 같아요. 다시 말하면 신분에 따라 올라갈 수 있는 관등에 제한이 있는 거예요. 6두품은 아무리 노력해도 6위 아찬 이상의 관직에 올라갈 수 없었어요. 5두품은 10위 대나마, 4두품은 12위 대사까지만 올라갈 수 있었답니다. 그런데 사실 신분에 따라 결정되는 것은 관직만이 아니었어요. 집의 규모와 장식품, 옷 색깔도 정해졌어요. '골품'에 따라 삶의 모든 것이 결정되는 신분제 사회의 모습을 여실히 보여 주고 있어요. 그렇다면 이런 신분제하에서 6두품은 왜 불만이 가장 컸을까요? 6두품은 비교적 소수인 진골과 함께 국가의 상층부를 구성하고 있었어요. 그들은 진골과 함께 공부도 하고 역량도 개발했어요. 그런데 결정적으로 더 높은 고위직으로 승진할 기회가 없었던 거예요. 이처럼 6두품은 능력이 출중하나 신분 때문에 출세는 못 하는 처지에 놓였답니다. 실은 신라 사회도 6두품의 불만을 잘 알고 있었어요. 그래서 불만을 조금이나마 잠재우고자 6두품이 아찬보다 높은 관직에 오를 수 있도록 '중아찬', '중중아찬'을 만들기도 했어요. 하지만 그 자리들도 대아찬보다는 높지 않았기 때문에 근본적인 문제를 해결했다기보다는 '눈 가리고 아옹' 식의 대처였어요. 6두품은 정치적으로 출세할 길이 막혀 있으니 결국 다른 쪽으로 관심을 돌리기도 했어요. 최치원이나 설계두처럼 당나라로 가서 공부를 열심히 해 학문적으로 명성을 떨친다거나, 원효처럼 존경받는 종교인이 되

| 무용총 접객도

기도 했어요. 이러한 모습은 사실 사회를 개혁하지 않고 현실에서 도 피한 것처럼 보일 수 있지만, 신분제라는 큰 벽을 넘기란 정말 어려 운 일이었기에 자신의 재능을 발휘할 수 있는 분야를 찾을 수밖에 없었던 것으로도 해석할 수 있어요.

이러한 엄격한 신분 제도의 모습은 신라의 것만은 아니었어요. 고 구려나 백제도 비슷한 신분 제도가 존재했을 것으로 보여요. 특히 현재 남아 있는 고구려의 고분 벽화를 보면 신분에 따라 사람의 크 기를 다르게 그린 것을 확인할 수 있어요.

강력한 신분제를 통해서도 알 수 있듯이 삼국은 귀족들의 힘이 강했어요. 왕이 있긴 했지만, 여전히 귀족들의 의견을 무시할 수 없었어요. 고구려의 **제가 회의**, 백제의 **정사암 회의**, 신라의 **화백 회의**를 통해 나라에서 가장 높은 귀족들이 모여 국가의 중대사를 논의했음을 알 수 있어요. 귀족 회의가 오래 존재하였다는 것은 상대적으로 왕권의 발달이 그만큼 더디게 진행되었다는 것을 보여 주기도 해요. 『삼국유사』에 따르면, 백제의 정사암 회의에서 재상을 정할 때, 서너 명의 이름을 바위 위에 두었다가 나중에 개봉하여 이름 위에 도장이 찍혀 있는 자를 선출하였다고 전해져요. 이를 통해 귀족들이 회의에서 논의하여 결정한 사항을 전설로 만들어 그들의 권위를 높이고자 했다는 사실을 알 수 있어요.

신라의 골품과 관등제

47쪽 '골품과 관등제' 도표를 보면서 다음 질문에 대한 답을 찬찬히 생각해 볼까요? 특히 강조된 두 질문에 대한 답을 찾아낼 수 있다면 정말 대단한 거예요!

1) 골품은 몇 개인가요?
2) 관등은 몇 개인가요?
3) 골품과 관등의 관계는 어떠한가요?
4) 골품과 공복의 관계는 어떠한가요?
5) 관등과 공복의 관계는 어떠한가요?
6) 골품과 가옥, 마구간, 수레의 재료와 장식, 옷감의 종류, 그릇의 재질과 종류 등은 일상생활과 어떤 관련이 있을까요?
7) 4두품 이하는 어디로 갔을까요?
8) 가장 불만이 많은 골품은 누구일까요?
9) 진골은 아찬에 임명될 수 있다. (○ , ×)
10) 6두품은 진골보다 높은 관직에 오를 수 있다. (○ , ×)

삼국 중, 어느 나라가 통일을 했으면 좋았을까요?

삼국의 통일 전쟁

중학교 2학년 현교는 백제에 관심이 많아요. 백제가 신라에게 멸망하지 않았다면 좋았을 거래요. 신라보다는 한반도의 중간에 있었고 해외 교류도 활발했던 나라였기 때문에 백제가 삼국을 통일했다면 더 발전할 수 있지 않았을까, 하고 이야기하더라고요. 여러분 생각은 어때요? 삼국을 통일한 국가가 고구려였다면 어땠을까요? 고구려가 가졌던 광활한 대륙의 땅을 우리 영토로 삼을 수 있지 않았을까요? 그랬다면 우리 영토가 지금보다 훨씬 넓었겠지요? 역사는 수많은 가정 속에 다양한 이야기를 상상하게 해 줘요. 제 전공이라서가 아니라 역사는 정말 매력적인 학문인 것 같아요.

알다시피 삼국은 신라가 통일했어요. 한반도에서 가장 유리한 입지를 차지하고 있던 백제도 아니고, 엄청난 북방의 영토를 차지하고 있던 고구려도 아니었어요. 정치 체제도 가장 늦게 완성되고, 왕권도 가장 늦게 발전하였던 변방의 신라가 어떻게 삼국 통일을 이루었는지 한번 살펴볼까요?

| 을지문덕의 시조

　7세기 들어 한반도에 큰일들이 연달아 일어났어요. 중국 수나라 양제가 고구려를 침략한 사건이 그 시작이었어요. 수의 군사를 물리친 건 다름 아닌 **을지문덕**이었어요. 살수(청천강)에서 수나라 군대를 물리친 사건에 대해 들어 본 적 있나요? 그 전투가 바로 **살수대첩**이에요(612).

　그런데 시련은 여기서 그치지 않았어요. 고구려의 침략에 실패하면서 멸망의 길을 걸은 수나라 다음으로 새롭게 등장한 당나라의 태종도 고구려를 침략했어요. 수나라의 경험으로 미루어 볼 때 당나라의 번영을 위해 고구려는 꼭 없어져야 할 나라로 여겨졌기 때문이에요. 그런데 당 태종의 침략도 뜻대로 잘 안 되었어요. 고구려 변방의 작은 성인 안시성을 빼앗지 못하고 고구려군에게 패해 결국 당으로 돌아갈 수밖에 없었거든요.

한편 백제의 의자왕은 신라의 대야성을 빼앗으면서 한강 유역을 되찾으려는 신라와 전쟁을 시작했어요. 신라는 고구려에 군대를 보내 달라고 요청하고 군사 동맹을 맺으려 했지만, 고구려가 한강 유역을 넘겨 달라고 요구해 동맹이 무산되었어요. 위기에 빠진 신라는 바깥으로 눈을 돌렸어요. 바로 당나라와 동맹을 맺은 거예요. 이때 중요한 역할을 했던 이가 바로 훗날 태종 무열왕이 되는 **김춘추**예요. 김춘추는 뛰어난 지략으로 삼국 통일이라는 험난한 길에서 가야 할 방향을 제시했어요. 힘을 합친 나당 연합군은 먼저 백제를 쳤어요. 백제는 지배층이 분열되어 있었고, 나당 연합군의 기습도 막아내지 못하면서 예상보다 너무 쉽게 무너졌어요. 마지막까지 백제를 지키고자 목숨을 버린 이가 **계백**인데, **김유신**이 이끄는 신라군은 황산벌에서 계백이 이끄는 백제의 결사대를 무너뜨리고 수도인 사비성을 함락했어요(660). 지금도 계백이 마지막으로 싸웠던 곳, 황산벌 근처에는 한국의 청년들이 군 입대를 할 때 훈련을 받는 논산 훈련소가 자리하고 있어요. 군인들이 나라를 지키려는 계백의 정신을 이어받기를 바라는 마음에서 그곳에 만들어졌다고 하네요. 김춘추와 함께 삼국 통일의 또 다른 주역으로 손꼽히는 사람은 바로 김유신이에요. 김춘추가 삼국 통일의 방향을 알려 주었다면, 그 방향으로 길을 만들어 완성한 사람이 바로 김유신이랍니다. 가야 왕족 출신이었던 김유신은 장군으로서 삼국 통일 전쟁의 대부분을 이끌었고, 승리를 거두면서 큰 공을 세웠어요.

이어 나당 연합군은 고구려를 공격했어요. 연개소문이 권력을 잡고 있었던 고구려는 나당 연합군을 잘 막아 내는 듯했지만, 연개소문이 죽으며 발생한 권력 싸움으로 내분이 일어나고 말았어요. 당시 고구려의 군대는 중국을 물리칠 만큼 강력했는데, 그 강력한 군대가 사분오열되어 서로 싸웠으니 그 결과는 뻔했어요. 혼란을 틈타 나당 연합군이 수도 평양성을 함락했고, 그 결과 고구려는 멸망하고 말았어요(668).

한편 허무했던 두 나라의 멸망은 부흥 운동으로 이어져요. 복신과 도침은 왕족인 부여풍을 중심으로 부흥 운동을 일으켰어요. 특히 백제 부흥군은 왜의 수군과 연합하여 나당 연합군과 전쟁을 벌였는데, **백강 전투**는 한반도에서 일어난 최초의 국제전이라고 볼 수 있어요. 왜가 백제를 도우러 한반도까지 들어왔었다는 사실은 백제와 왜의 특별한 관계를 보여 주어 참 놀라워요. 삼국 통일의 과정 중에 중국, 우리나라, 일본의 국제 전쟁이 벌어졌다는 사실도 놀랍지 않나요? 하지만 나당 연합군이 전쟁에서 승리하면서 백제 부흥 운동은 막을 내렸어요. 고구려 부흥 운동도 고구려의 귀족 검모잠과 왕족 안승이 주도했던 것과 더불어 여러 번 일어났지만 실패했어요.

이제 삼국 통일은 이루어졌을까요? 그렇지는 않았어요. 당나라는 신라를 돕는 듯하였지만, 사실은 신라와 함께 삼국을 통일시켜 한반도를 집어삼키려는 생각을 하고 있었답니다. 당나라는 백제를 멸망시킨 후 백제 땅에 웅진 도독부를 설치하였고, 신라에는 계림 도독부를, 고구려에는 안동 도호부를 만들었어요. 신라는 이대로 물러설 수 없었습니다. 고구려 유민들과 힘을 합쳐 **매소성 전투**에서 당군을 물리쳤고, 금강 하구 **기벌포**에서 당나라 수군을 격파했어요. 신라는 힘겨운 싸움 끝에 드디어 당나라 군대를 물리칠 수 있었고 삼국 통일을 이루었어요(676). 하지만 삼국 통일에 다른 나라의 힘을 빌렸다는 점과 통일한 영토가 대동강 이남 지역에 국한되었다는 점은 좀 아쉽지요?

다시 첫 질문으로 돌아가 볼까요? 여러분은 삼국 통일을 어느 나라가 했다면 좋았을 것 같나요? 제가 여러 학생한테 한번 물어봤거든요? 그중 가장 인상적이었던 답은 백제가 통일했다면 일본과 우리나라가 하나의 나라로 발전하지 않았을까 하는 것이었어요. '한 나라가 되었다면 식민지 시대와 같은 아픈 역사는 없었지 않을까……'라는 생각이 든다는 거예요. 여러분은 어떻게 생각하나요?

고구려는 어떻게 중국을 물리쳤을까요?

다음 글을 읽고 고구려의 강점에 밑줄 쳐 볼까요?

예로부터 '산성(山城)의 나라'로 불리었던 고구려는 견고한 산성을 많이 가지고 있었어요. 특히, 고구려의 산성은 험악한 지형과 그들만의 독특한 성 쌓는 기법을 활용해 지어졌어요. 성안에는 전쟁이 벌어졌을 때를 대비해 우물 등 저수 시설과 식량을 미리 마련해 놓기도 했대요. 적이 침입하면 고구려인들은 바로 산성으로 들어가 힘을 다해 싸웠어요. 또 고구려의 '개마 무사'는 철로 만든 투구와 갑옷으로 온몸을 무장하고, 갑옷을 갖춘 말까지 탄 중무장 기병이었어요. 고구려는 요동 지방에서 생산되는 풍부한 철을 이용해 무기와 갑옷을 만들었고, 이로 무장한 '개마 무사'는 중국과의 전쟁에서 크게 활약했어요. 남아 있는 벽화 속의 개마 무사를 보면 긴 창을 겨드랑이에 끼고 탱크처럼 적진을 향해 돌진하는 모습을 볼 수 있어요. 아마도 탁월한 전투 능력을 발휘하여 전쟁에서 큰 공을 세웠을 것으로 보여요.

계백 장군은 왜 가족을 죽였을까요?

계백은 가족을 죽이고 배수의 진을 쳐 더 이상 물러날 곳에서 마지막 전투를 벌인 것으로 유명해요. 진정 나라를 위해 용감히 목숨을 바친 장군이라고 알려져 있답니다. 나라를 지키려는 마음이야 고귀하지만, 왜 자신의 희생을 각오하면서 가족을 앞세워야 했을까요? 자신이 죽기 전에 가족을 해친 것에 대해 의문을 가지는 사람들이 많아요. 최근에도 생활고를 비관하여 자식과 동반 자살 하는 부모들이 있는데, 이들의 행동은 자식의 생명을 자신의 것으로 여기고 살인을 저지른 것이나 다를 바 없어요. 부모가 자식을 데리고 죽는 행위를 '동반 자살'이라고 부르는 것은 유교적 전통이 남아 있는 문화권에서만 인정되는 표현이라고 해요. 이러한 표현에 대해 우리도 심각하게 고려해 봐야 할 것 같아요.

발해는 우리나라 역사인가요?

발해의 역사

발해의 역사는 수많은 논란을 품고 있어요. 우리나라는 한국사의 일부로, 중국은 중국 소수 민족의 역사로 생각한답니다. 러시아는 러시아의 변방 역사로 포함하고, 일본은 자신의 나라에 조공을 바쳤던 속국과도 같은 국가로 여기고 있어요. 도대체 무엇 때문에 이런 일들이 벌어지고 있는 걸까요? 고등학교 1학년 운교에게 물어봤어요. 발해가 왜 우리나라 역사야? 운교는 발해가 고구려를 잇는 나라이기 때문이래요. 그래서 제가 이렇게 말했어요. 고구려도 중국 소수 민족의 역사라는데? 운교는 당황했어요. 동북공정이라는 말을 들어 보긴 했거든요. 맞아요. 중국은 우리나라 고구려의 역사부터 중국사 일부로 편입시키려는 작업을 학자들과 함께 수십 년째 진행하고 있어요. 자, 그렇다면 발해는 우리나라 역사가 맞나요? 그 증거는 어떤 것들이 있을까요?

발해의 역사에 대해 논란이 있는 근본적인 이유는 발해 사람들이 스스로 써서 남긴 역사서가 하나도 없기 때문이라고 말할 수 있어요. 주변 국가 입장에서 기록되어 있는 내용만으로 파악할 수밖에 없으므로 결국 다른 나라의 입장을 담은 기록에 의존해야 하는 거예요. 하지만 그러한 기록들 속에서도 발해가 우리나라 역사라는 다양한 증거들을 찾아볼 수 있어요.

먼저 통일 신라에 남아 있는 발해와 관련된 내용을 살펴볼 필요가 있어요. 통일 신라는 당나라를 사이에 두고 발해와 경쟁한 것으로 보이는데, 그러한 경쟁은 다분히 당나라가 발해를 견제하기 위해 일부러 유도한 것 같아요. 당나라에 방문한 발해 사신을 통일 신라 사신보다 일부러 낮은 자리에 앉힌다거나, 발해의 빈공과 급제 자리를 통일 신라 사람으로 바꾸어 준다거나 하면서요. 광대한 영토를 가지고 성장해 갔던 발해를 견제하기 위해 통일 신라를 의도적으로 이용했던 거예요. 하지만 통일 신라와 발해는 겉으로는 싸운 것처럼 보였어도 같은 민족으로서의 계통성을 잊지 않았어요. 통일 신라와 발해는 '신라도'라는 길을 통해 활발한 교역을 했던 것으로 보이고, 통역 없이 서로 사신을 보냈던 것으로 알려져 있어요.

통일 신라와 발해가 함께 발전하고 있을 때 북방에는 거란이 자리잡고 있었어요. 거란은 발해를 멸망시킨 장본인이기도 해요. 여기서 거란에 대한 고려의 태도에 집중해 볼 필요가 있어요. 고려는 스스로 '고구려'의 계승국임을 드러내고자 국호를 '고려'라고 했어요. 따라서 고려는 고구려를 잇는 '형제의 나라'였던 발해를 멸망시킨 거란에 대해 적대 정책으로 일관했어요. 고려를 세운 태조 왕건은 발해 부흥 운동을 일으킨 발해 유민을 형제로 여겨 고려로 수용해 땅을 주어 살아가게 하였고, 거란에서 선물로 보낸 낙타 50마리를 만부교 아래 묶어 굶겨 죽이기도 했어요. 발해를 같은 계통으로 여겼던 고려의 생각을 잘 알 수 있는 대목이에요.

발해가 스스로 고구려 계승국임을 드러내는 증거는 많이 있어요. 발해를 건국한 사람이 고구려 장군이었던 대조영이라는 기록은 중국의 『구당서』에 남아 있어요. 중국에 남아 있는 다른 역사서들에서도 그러한 내용을 확인할 수 있어요. 또 현재 남아 있는 유적과 유물들에서도 고구려의 흔적을 많이 찾아볼 수 있어요. 우리나라 역사학자들은 발해가 고구려 계통임을 밝히면 발해 역사의 정체성을 바로

| 정효 공주 묘지 양식

잡을 수 있을 것으로 여겨 활발한 연구를 꾸준히 이어 오고 있어요.

통일 신라와 당의 긴밀한 관계로 인해 발해는 일본과의 연합에 관심을 기울일 수밖에 없었던 것으로 보이는데, 그래서 현재 일본에는 발해의 외교 문서가 많이 남아 있어요. 발해가 일본에 보낸 외교 문서를 살펴보면, 스스로 '고려(고구려)'라고 말하여 고구려 계승국임을 드러냈다는 것을 확인할 수 있어요. 일본에서도 그들을 고구려를 잇는 나라로 여겼던 것 같아요. 하지만 중국이 동북아시아의 역사를 중국사 일부로 넣으려는 '동북공정'을 진행하면서 조금은 허탈함을 경험하고 있어요. 발해가 고구려 계통이라는 것을 열심히 밝혔더니 고구려가 중국사라고 이야기하면서 발해도 자연스럽게 중국사로 편입해 버린 거예요.

당분간 역사 논쟁은 지속될 것으로 보여요. 역사 논쟁에 대처하는 우리는 어떤 자세를 가지는 게 가장 좋을까요? 일단은 다른 나라의 주장을 제대로 이해하는 것부터 시작해야 하지 않을까 싶어요. 세계 대전으로 사이가 정말 좋지 않았던 독일과 프랑스는 공동 역사서를 만들었어요. 이때 서로 절대 합의하지 못하는 내용은 역사에 대한 양국의 해석을 함께 서술해 이해의 폭을 넓혔대요. 논란이 되는 내용을 모두 알려 주고, 너는 어떻게 생각하냐 하고 묻는 형식의 공동 역사 교과서를 만든 거예요. 우리도 우리의 해석만을 알고 있는 것은 우물 안 개구리가 될 수도 있으니 주의해야겠어요.

발해의 발전 주역들

발해에서 가장 큰 업적을 남긴 왕들을 알아볼까요?

무왕	당과 신라 견제를 위해 일본과 교류 수군을 보내 당의 산둥반도 공격, 요서 진출
문왕	당과 신라와 교류, 당의 제도 수용하여 3성 6부와 주자감 설치 신라도 개설
선왕	9세기 초 전성기 고구려의 옛 영토를 대부분 되찾아 '해동성국'이라 불림

PART 3 중세

고려는 삼국보다 평등했나요?

고려의 성립

초등학교 4학년 예교는 엄마한테 자랑스럽게 말했어요. 고려가 우리나라 역사상 가장 평등한 사회였다고 배웠대요. 맞아요. 고려는 앞선 통일 신라 시대보다 평등했고, 어쩌면 이후 조선 시대보다 평등했던 것 같아요. 그런데 사실 딱! 그만큼이에요. 우리의 역사를 통틀어 가장 평등했다는 말은 좀 과장이 심한 것 같아요. 그러면 앞 시대보다 얼마나 더 평등한 사회로 나아갔는지 일단 살펴볼까요?

신라 말 혼란기에 성장한 호족들 가운데 **견훤**과 **궁예**는 각각 후백제와 후고구려를 세웠어요. 후고구려의 궁예는 왕건을 통해 후백제를 견제하고 국호를 마진, 수도를 송악에서 철원으로 옮겼어요(905). 하지만 궁예가 쫓겨나고 **왕건**이 즉위해(918), 국호를 고려로 고치고 이듬해 수도를 송악으로 다시 옮겨 개경이라고 했어요.

고려를 건국한 왕건은 후백제군과 전투에서 승리하여 후삼국 경쟁에서 앞서 나갔어요. 신라의 경순왕이 먼저 고려에 항복하였고, 이듬해 고려군이 후백제를 멸망시키면서 결국 후삼국 통일이 이루어

누가 기침 소리를 내었는가?

궁예는 '관심법'으로 신하들의 마음을 읽을 수 있다고 했대. 기침한 신하를 처형했다던데?

그런데 그 이야기는 왕건 쪽에서 남긴 '승자의 역사'로, 진짜인지 아닌지 알 수 없는 거야.

| 승자의 역사

졌어요(936). 왕건은 호족의 딸 29명을 부인으로 삼았어요. 신라 항복 이후에는 신라 왕실과도 혼인했어요. 또 힘 있는 호족들에게는 성씨를 주기도 했어요. 호족 세력을 인정하고 높여 주면서 왕실에 협조하도록 회유한 거예요. 한편으로는 그들을 견제하고자 **사심관 제도**를 시행했어요. 고려에 항복한 경순왕은 경주의 사심관이 되었는데, 호족을 자신이 있는 본거지의 사심관으로 삼아 그 지방을 다스리고 통제하도록 의도한 것이었어요. 또 지방 호족의 자제들은 중앙에서 머물도록 **기인 제도**도 실시했는데, 지방에서 반란을 일으키면 중앙에 있는 자제들이 인질이 되도록 하는 제도였어요. 고려의 건국 세력이었던 호족들에게 당근과 채찍을 동시에 주었던 거예요. 이외에도 왕건은 다음 왕들이 지켜야 할 **훈요 10조**를 남겨 고려 정책의 기

본 방향을 제시했어요. 훈요 10조에는 불교를 숭상할 것, 유교를 국가 통치 이념으로 삼을 것, 거란과 좋은 관계를 맺지 말 것 등과 같은 내용을 담았답니다. 여기에도 드러나듯이 고려 태조는 북쪽으로 영토를 확장하려는 의지가 확고했는데, 옛 고구려의 수도 평양을 중요하게 생각하여 영토를 청천강 유역까지 확장했어요.

태조 사후에는 수많은 왕비와 자식들로 인해 고려 사회가 매우 혼란했어요. 이러한 외척 간의 갈등 속에 왕위에 오른 **광종**은 왕권을 강화하기 위해서 강력한 정책을 추진할 수밖에 없었습니다. 광종은 **노비안검법**을 시행하여 호족들이 불법적으로 점유한 노비들을 해방해 호족들의 경제적 기반을 약화시켰어요. 이로 인해 자연스럽게 늘어난 양인들이 세금을 낼 수 있도록 만들어 국가 재정을 안정시켰어요. 또 처음으로 **과거제**를 실시했는데, 우리나라에서 능력에 따른 인재 등용이 드디어 시작된 거예요.

과거에는 문신을 뽑는 문과와 기술 관리를 뽑는 잡과, 승려직을 뽑는 승과가 있었어요. 고려에서는 무과가 거의 실시되지 않았는데 이 점은 꼭 기억해 두는 것이 좋아요. 한편 과거가 실시되면서 지방의 향리들이 중앙 관리가 될 수 있는 길은 열렸지만, 평범한 농민들이 과거 시험을 보는 것은 어려운 일이었어요. 과거가 실시되었다 하더라도 고려는 음서제라는 관리 선발 제도가 있었답니다. 음서는 왕족과 공신의 후손 및 5품 관리의 자손들을 시험 없이 관직에 추천하는 제도였어요. 추천한 후손이 5품 이상으로 승진하면 또다시 자손을 추천할 수 있었기 때문에 음서제를 통해 고려의 지배층은 '문벌' 사회를 형성했어요. 문벌은 문신 관료의 지위를 대대로 이어 나간다는 뜻이에요. 하지만 과거제 실시 이후로 음서보다 과거로 관리가 되는 것을 사회에서 훨씬 인정해 주는 분위기가 형성되기는 했어요. 음서로 관직에 올랐다가도 과거에 응시하기도 했대요.

광종 사후에도 고려 사회는 좀처럼 안정되지 못하다가, **성종**이 즉위한 이후에야 안정기를 맞이했어요. 성종은 신라의 6두품 출신인 최승로의 시무 28조를 수용해 유교를 바탕으로 한 통치 정책을 폈어요. 당의 3성 6부제를 모방하여 중앙 정치 기구를 정비하였고, 지방의 12목에 지방관도 파견하였어요. 다만 왕이 파견하는 지방관이 많을수록 왕권이 강하다 볼 수 있는데, 조선 시대에 와서야 모든 지방에 지방관이 파견되었으므로 아직 한계는 있었어요. 고려에는 지방관이 파견되었던 주현과 파견되지 못했던 속현이 존재했거든요.

고려의 정치 체제는 성종 대에 정비가 시작되어 문종 대에 이르러 완성된 듯해요. 앞서 이야기했듯이 당의 3성 6부제를 바탕으로 송의 제도에도 영향을 받아 중서문하성과 상서성, 6부가 있는 **2성 6부** 체제가 완성되었어요.

중서문하성은 국가의 중요한 일을 결정하였고, 상서성의 6부는 결정된 일을 집행했어요. 이부는 인사, 병부는 군사, 호부는 세금·재정,

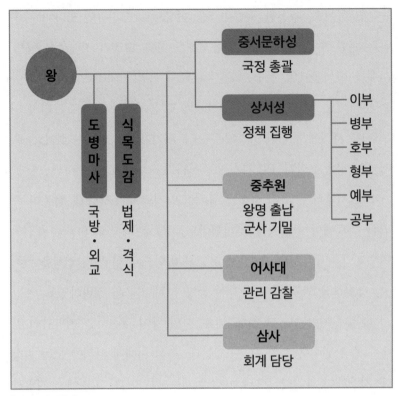

| 2성 6부 체제

형부는 형벌, 예부는 외교·의식, 공부는 토목건축 업무를 담당했어요. 성종 대에 군사 기밀과 왕의 명령을 담당하는 중추원도 설치되었는데, 중서문하성과 중추원의 2품 이상 고위 관리들은 각각 재신, 추밀이라 불렀고 둘을 합쳐 재추라고 했어요. 재추는 국가의 중대사를 논의하였는데, 특히 군사 문제나 국방과 관련된 일은 도병마사에서, 법률이나 제도는 식목도감에서 논의하였어요. 도병마사나 식목

도감은 귀족 회의체적 성격을 띠고 있어 고려 정치 제도의 특별함을 보여 주는 기구예요.

중서문하성의 3품 이하 관리들을 낭사 혹은 간관이라고 불렀는데, 이들은 어사대와 함께 **대간**이라 불리며 간쟁과 봉박의 역할을 맡았어요. 이는 왕의 잘못을 비판하거나 왕의 잘못된 명령을 돌려보내는 것을 말하는데, 왕권을 견제할 수 있는 중요한 역할로 보여요. 대간은 서경의 권한도 있었는데, 관리의 임명이 제대로 되었는지 확인하고 새로운 법에 대한 심사 역할을 했어요. 이처럼 고려의 정치 제도는 고위 관리들이 제대로 정치를 하고 있는지 비교적 하위에 있는 관리들이 감시하며 조언할 수 있도록 만들어져 있었어요.

고려의 토지 제도는 전시과로 운영되었어요. 전시과는 토지와 임야를 관리의 등급과 역할에 따라 나누어 주는 제도를 말하는데, 토지의 소유권이 아니라 조세를 거둘 수 있는 수조권을 지급했어요. 농민들이 관리의 소유지에서 생산된 양의 10분의 1을 국가가 아닌 수조권을 받은 관리에게 조세로 내도록 한 거예요. 기본적으로 관리가 죽거나 관직에서 물러나면 수조권은 국가에 반납하는 것이 원칙이었으나 공신이나 5품 이상 관리는 자손에게 세습할 수 있었어요.

자, 고려의 정치 체제를 살펴보니 골품을 통해 사회의 전반적인 모든 생활에 제약이 있었던 앞 시대보다는 한층 나아간 것처럼 보이는 것은 확실해요. 하지만, 지금 우리가 '평등'한 사회라고 부르는 모습과는 아직 한참 떨어져 있는 것 같지 않나요? 과거가 시작되었지만 여전히 음서가 존재했고, 고위직들의 재산 축적의 이권도 매우 컸으니까요. 그래서 고려는 평등한 나라라기보다는 '평등을 생각하게 하는 나라'라고 말하고 싶네요. 다음 이야기를 들으면 어떤 의미인지 더 잘 이해할 수 있을 거예요.

태조 왕건의 훈요 10조

다음 글을 읽고 앞서 이야기한 훈요 10조의 특징을 찾아볼까요?

제1조 불교의 도움으로 나라를 세웠으니, 불도를 성실히 닦을 것
제4조 중국의 풍속만을 무조건 따르지 말고, 거란을 경계할 것
제5조 서경을 중요시할 것
제6조 연등회와 팔관회를 성실하게 열 것
제7조 신하의 충고를 따르고 농업을 장려하되, 세금을 가볍게 하여
     백성들의 신망을 얻을 것
제9조 신하들의 녹봉을 함부로 늘리거나 줄이지 말고, 평화로울 때도
     군사력을 잘 유지할 것

                                                   -『고려사』

불교와 도교를 숭상할 것, 북방으로 영토를 넓히고자 할 것(서경 중시), 백성들을 안정시킬 것 등을 알 수 있어요.

고려는 얼마나 평등한 나라였나요?

이자겸의 난, 묘청의 난, 무신의 난

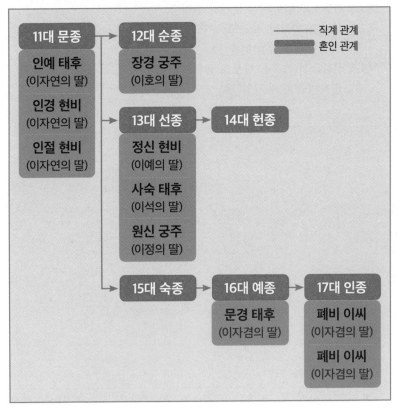

| 경원 이씨와 왕실의 혼인 관계도

고려의 현종이 즉위한 이후 등장한 경원 이씨는 문종, 예종, 인종 대를 이어 외척이 되면서 권력을 독점했어요. 문벌 귀족이 된 고려의 지배층은 서로 자손을 높은 관직에 오르게 하여 많은 토지를 갖고자 경쟁하면서 권력 다툼을 벌였는데, 외척이 되면 싸움에서 이길 수 있었어요. 따라서 이자겸은 자신의 딸들을 예종과 인종 모두에게 시집보내면서 족보가 꼬이게 했어요.

인종이 자신의 외할아버지이면서 장인어른인 이자겸의 권력욕에 참지 못하고 저항하자, 이자겸은 또 다른 문벌 귀족 척준경의 도움을 받아 난을 일으켰어요. 이를 **이자겸의 난**이라고 해요(1126). 이자겸의 난은 이자겸과 척준경이 서로 대립하면서 금방 막을 내렸지만, 이 사건을 통해 문벌 귀족들의 탐욕이 그대로 드러났어요. 그리고 고려는 새로운 사회로 나아가야 할 필요성을 느꼈어요.

왕은 새로운 수도를 찾고자 했어요. 문벌 귀족들이 장악하고 있는 수도를 떠나 새로운 곳에서 시작하고 싶었답니다. 다시 왕권을 똑바로 세우고 자존심을 회복하고자 했던 거예요. 그리하여 선택된 곳은 바로 서경이었어요. 서경 출신 신진 관료들과 승려 묘청은 풍수지리설을 바탕으로 고려가 서경을 새로운 도읍으로 삼으면 나라가 크게 발전할 것이라고 역설했어요. 이에 서경에 궁궐을 짓고 천도 준비를 착착 진행했답니다.

그런데 문벌 귀족들이 가만있지 않았어요. 이자겸의 난으로 잠시

서경 임원역의 당은 큰 명당 자리인데,
만약 이곳에 궁궐을 건축하여 수도를 옮기시면
가히 천하를 우리 것으로 만들 수 있을 것입니다.
또한, 금이 스스로 항복할 것이고
주변 36개국이 모두 신하가 될 것입니다.

| 승려 묘청의 예언

고개를 숙이고 있었을 뿐 고려의 실세였던 그들이 자신들의 본거지
인 개경을 절대 포기할 리가 없었어요. 문벌 귀족들의 집요한 반대
는 결국 서경 천도를 없었던 일로 만들었어요. 사실 문벌 귀족들의
반대에 대한 묘청의 대책은 우습기까지 한 것이었어요. 묘청은 서경
의 대동강에 미리 기름 떡을 가라앉혀 놓고, 사람들을 데리고 가서
물에 뜬 기름 막을 용이 사는 증거라며 서경이 신성한 땅이라고 주
장했어요. 그러자 당시 문벌 귀족의 대표라고 할 수 있었던 김부식이
군사를 보내 강바닥에서 떡을 건져 꺼내 놓았다고 하니, 묘청이 얼마

나 당황했을까요. 묘청이 풍수지리설에 능한 존경받는 승려라기보다는 사기꾼처럼 보였을 것 같지 않나요?

결국 뜻대로 되지 않자 신진 관료 세력과 묘청은 '칭제건원'과 금 정벌을 주장하면서 서경에서 국호를 대위, 연호를 천개라 정하고 **서 경 천도 운동**을 일으켰어요(1135). 이 반란은 김부식이 이끄는 군대에 의해 1년 만에 진압되었어요. 이를 통해 문벌 귀족은 그동안 자신들을 견제하던 신진 관료 세력 대부분을 중앙 정치에서 쫓아냈어요. 문벌 귀족들은 자신들의 뜻대로 모든 것을 이루었다고 생각했겠지만, 실은 한 치 앞도 예상하지 못한 어리석은 행동이었어요.

인종 다음으로 즉위한 의종은 측근이었던 소수의 문벌 귀족들과 함께 사치와 향락에 빠져 제대로 된 정치를 하지 못했어요. 중앙에는 견제 세력이 하나도 남아 있지 않았습니다. 기고만장했던 문벌 귀족들은 결국 차별받았던 무신들의 억울함을 건드리고 말았어요. 정중부를 비롯한 무신들은 수많은 문신을 죽이고 왕을 몰아낸 다음 새 왕으로 명종을 즉위시켰어요. 무신들은 장군들의 회의 기구였던 **중방**을 중심으로 정치를 시작하였어요. 하지만 곧 다툼이 지속되었고 이고, 이의방, 정중부, 경대승의 순으로 뒷사람이 앞사람을 차례차례 죽이며 권력자가 바뀌었답니다. 권력 싸움이 일어나는 중에도 사병이 양성되어 무신 정권의 군사 기반으로 **도방**이 만들어졌어요. 이후 경대승을 이어서 이의민이 집권하였는데, 최충헌이 이의민을 제

| 무신 정권의 집권자와 지배 기구

거하면서 최씨 정권이 시작되었어요(1196). 4대가 이어 갔던 최씨 정권은 총 62년간 권력을 잡았답니다. 최씨 정권의 최충헌은 교정도감을 설치해 정치를 주도했어요. 아들 최우는 문신들을 등용하고 **정방**을 설치해 관리들의 인사권을 장악했고요.

한편 11세기 이래 권세가들에게 토지를 빼앗긴 농민들은 도적 떼가 되거나 여기저기 떠돌게 되었어요. 무신들이 집권하고 좋아질까 했던 삶이 오히려 더욱 어려워지자 마침내 농민들도 폭발하고 말았어요. 서경에서는 문신 조위총이 난을 일으켰는데(1174), 농민들이 이에 크게 호응하면서 농민 봉기로 발전했어요. 공주 명학소에서는 망이·망소이의 난(1176)이 일어났고, 경상도에서는 김사미와 효심의 난(1193)이 일어났답니다.

농민들이 사회를 뒤집고자 일으켰던 반란이 줄줄이 이어진 것은 무신들이 세상을 뒤집었던 것과 무관하지 않아 보여요. 무신의 난을 비롯하여 계속된 권력 쟁탈전과 이의민과 같은 천민 출신 권력자의 등장은 전통적 상하 관계를 뒤집는 것이 가능하다는 사회적 분위기를 형성하였을 거예요. 이는 개경에서 일어난 **만적의 난**(1198)에서 가장 잘 드러나는데, 최충헌의 노비였던 만적은 "장수와 재상의 씨가 따로 있으랴."라며 신분제 폐지까지 주장했어요. 당시 혼란한 시대상 속에서 등장한 가장 평등한 사회를 만들고자 한 시도였어요.

만적의 난은 함께 모였던 노비의 배신으로 제대로 일으켜 보지도 못하고 실패하였으나, 노비들이 신분제 폐지를 주장하는 반란을 일으키고자 하였다는 사실은 고려를 더 나은 사회로 이끌었음이 분명해요. 이제 주인들이 노비들도 반란을 일으킬 수 있다는 사실을 알게 되었을 테니까요.

최충헌의 집권 이후 농민과 천민의 봉기는 점차 가라앉았어요. 최충헌이 **봉사 10조**를 통해 관리들이 농민들의 토지를 빼앗는 것을 철저히 관리하고, 지방관에 대한 감찰을 강화했거든요.

어쨌든 고려는 평등한 세상으로 가려는 다양한 시도를 했던 것은 확실해요. 예교가 말했던 것처럼 완벽히 평등한 사회는 아니지만, 여기저기서 '평등'에 대해 생각해 볼 수 있도록 우리를 이끌어 주는 건 맞아요.

그런데 예교는 고려가 평등한 사회라고 어디서 배웠을까요? 그건 아마도 남녀 관계와 관련된 이야기인 것 같아요. 고려 시대는 일부

일처제를 원칙으로 했어요. 평범한 백성들은 결혼한 뒤에 여자 집에 들어가서 사는 것이 일반적이었대요. 관직 진출과 같은 사회 활동을 제외한 일상생활에서 여성은 남성과 동등했어요. 여성도 자신의 재산을 소유할 수 있었고 재혼도 가능했어요. 부모의 제사를 지내는 의무도 아들과 함께 가졌어요. 할아버지와 외할아버지, 아들과 딸, 친손자와 외손자가 동등한 대우를 받았어요. 여성의 지위는 조선 시대보다도 더 자유롭고 높았습니다. 남녀가 평등해 보이는 이러한 모습은 성리학이 들어오면서 점점 무너지게 되었어요.

한 걸음 더 들어가 보아요!

최충헌의 정치 개혁안, 봉사 10조

최충헌의 정치 개혁안을 살펴보고 앞서 언급한 관리 감찰 내용과 관련 있는 조항을 찾아볼까요?

---

① 국왕은 정전(正殿)을 사용할 것
② 함부로 설치된 관직을 정리할 것
③ 불법적으로 점유한 토지를 환수할 것
④ 불법적 조세의 징수를 억제할 것
⑤ 안찰사의 진상을 중지할 것
⑥ 승려의 정치 관여를 금지할 것
⑦ 향리를 적정히 관리할 것
⑧ 관직의 사치 풍조를 억제하고 검소한 기풍을 진작시킬 것
⑨ 비보사찰 외의 남설된 원찰(願刹)을 정리할 것
⑩ 대간을 활성화하여 언로 소통을 늘릴 것

우리나라는 왜 'KOREA'일까요?

고려를 침략한 북방 민족들

중학교 2학년 현교는 외국에서는 우리나라에서 가장 좋은 대학교를 '고려대학교'라고 생각하지 않을까 하는 질문을 했어요. 나라 이름이 붙은 학교라니 정말 그럴 수도 있을 것 같아요. 외국에서 우리나라를 'KOREA'라고 부르는 이유는 고려 시대에 우리나라가 세계에 널리 알려졌기 때문이래요. 고려 시대의 무역항이었던 벽란도에 드나들던 이슬람 상인들이 우리나라의 이름을 널리 전한 거예요. 그런데 사실 고려 시대에는 외침이 끊임없이 일어났어요.

고려 태조는 **거란**에 대해 처음부터 적대적이었어요. 앞에서 말했듯이 형제의 나라인 발해를 멸망시켰기 때문이에요. 이러한 반거란 정책은 결국 거란이 고려를 침략하도록 만들었어요. 993년 거란의 소손녕이 침략했을 때, 고려의 서희는 외교 담판으로 오히려 거란에게 **강동 6주** 지역을 얻어 냈어요. 그들의 불만은 고려의 친송·반거란 정책이었으므로, 송과 거리를 두고 거란과 책봉·조공 관계를 맺는 조건으로 영토까지 얻어 낸 것이었어요. 하지만 고려가 약속을

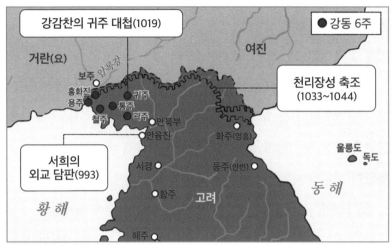

| 거란의 침입과 격퇴

지키지 않아 또다시 거란이 침략했어요. 이에 **강감찬**이 귀주에서 거란군을 물리쳤어요(1019). 이후 고려는 개경에는 나성을 쌓고, 국경에는 **천리장성**을 쌓아 국방을 강화했어요. 이후 고려, 거란, 송 간에 세력 균형이 이루어졌어요.

12세기에는 **여진**이 강성해지면서 고려를 위협했어요. 고려는 **별무반**을 만들고, 여진을 몰아내 동북 지역에 9성을 쌓았어요. 하지만 여력이 안 되어 2년 만에 여진에게 9성 지역을 돌려주었어요. 여진은 점차 힘을 키워 금을 건국한 뒤(1115), 거란과 송을 멸망시켰어요. 1117년 여진은 고려에게 형제 관계를 맺자고 요구하였는데, 당시 권력을 잡고 있던 이자겸은 이를 수용했어요. 이자겸은 외교에 있어 명분보다는 실리를 선택한 것이었지만, 고려 안에서는 그가 권력을 지키기 위해 여진에게 굽힌 것으로 보아 비난의 목소리가 높았답니다. 이후 고려, 금, 남송 사이에 세력 균형이 이루어졌어요.

13세기 칭기즈 칸이 몽골 부족을 통일하고 금을 공격하면서 밀려온 거란족으로 인해 고려는 처음 몽골을 대면했어요. 처음에 고려와 몽골은 거란족을 함께 몰아내고 형제의 맹약을 체결했어요. 하지만 몽골이 고려에 과도하게 공물을 요구해 사이가 점점 멀어졌고, 결국 몽골 사신이 피살되는 사건까지 발생하면서 관계가 단절됐어요.

곧 몽골의 30여 년간의 침략이 시작되었어요. 전쟁이 시작된 직후 고려는 수도를 강화도로 옮겼어요(1232). 제2차 침입 때에는 처인부곡에서 승려 **김윤후**가 부곡민과 함께 몽골인 장수 살리타를 사살했

| 몽골과 전쟁의 시작

지만 이어진 침략으로 고려는 막대한 피해를 보았어요. 특히, 초조대장경과 경주 황룡사 9층 목탑이 전쟁 중 불에 타 사라졌어요. 최씨 정권은 항전을 고집하며 저항하였지만, 결국 고려 정부가 항복하면서 몽골과 강화를 맺었어요(1259). 최씨 정권의 **삼별초**는 반란을 일으켜 진도와 제주도로 근거지를 옮겨 가며 3년 동안 항쟁을 지속하였으나 결국 진압되었어요. 삼별초는 몽골로부터 나라를 지키려는 강한 의지를 보여 칭송을 받기도 했지만, 실은 몽골에 항복하면 무신 정권의 기반인 자신들의 존재 자체가 의미를 잃기 때문에 죽기 살기로 싸운 것이라 말할 수 있어요.

무신 정권이 무너진 이후 다시 복귀된 고려 정부는 몽골의 간섭을 받기 시작했어요. 몽골은 고려에 **다루가치**를 파견하여 내정 간섭을 시작했어요. 일본을 공격하기 위해 **정동행성**도 설치했어요. 고려의 왕은 원나라 공주와 결혼하여 고려는 원의 부마국이 되었고, 중서문하성과 상서성은 첨의부로, 중추원은 밀직사로, 6부는 4사로 개편되며 고려의 관제가 격하되었어요. 원의 간섭은 결국 고려 안에서 친원파가 성장하는 계기가 되었는데, 대표적으로 **기철**이라는 사람은 원 순제의 황후가 되었던 기황후의 일족이었답니다. 권문세족이라고 불리었던 이들은 불법적으로 대토지를 점유하며 엄청난 권력을 휘둘렀어요.

이렇듯 고려는 끊임없이 외세와의 다툼을 이어 가며 세력 균형을 이루기도 하고, 간섭을 받기도 하면서 발전해 갔어요.

고려 시대 주도 세력과 침략 세력

고려 시대는 중앙 정치에서 수많은 사건들이 일어나고, 시대별로 주도 세력이 명확하게 드러나요. 또 고려 시대는 내내 외적의 침략을 받았어요. 시대별로 어떤 상황인지 한번 살펴볼까요? 이 표를 잘 기억한다면 고려 시대에 대한 이해도를 엄청 높일 수 있을 거예요.

	고려 초기	고려 전기	무신 집권기	원 간섭기	고려 말기
주요 왕과 주요 사건	태조 왕건	광종 성종 이자겸의 난 묘청의 난	무신 정변 무신 정권	대몽 항쟁 공민왕	성리학 발달 위화도 회군
주도 세력	호족 6두품	문벌 귀족	무신	권문세족	신진 사대부 신흥 무인 세력
침략 세력	거란	여진	몽골	몽골	홍건적 왜구

국가의 발전에 종교는 왜 필요할까요?

우리나라 불교의 발전

고등학교 1학년 운교는 종교에 대해 스스로 깊이 생각할 겨를 없이 가족들의 종교를 따라 자연스럽게 기독교 신자가 되었어요. 그래서 우리나라의 전통문화가 대부분 불교와 관련되어 있는 것이 불편하기도 했대요. 하지만 왕들이 거대 종교가 필요할 때 마침 중국에 있었던 불교를 수용한 것이지, 우리나라도 필연적인 불교 국가는 아니었어요. 불교는 우리 역사 속에 녹아 있어서 한국사를 공부하고자 하면 반드시 알아야 할 부분이에요. 종교로서가 아닌 학문으로서요. 역사 속에서 불교가 어떻게 발전하고 쇠퇴했는지 쫓아가 볼까요?

수용기

불교는 삼국 시대에 수용되었어요. 고구려는 소수림왕 때 전진으로부터, 백제는 침류왕 때 동진으로부터 수용되었다는 기록을 찾아볼 수 있어요. 신라는 불교와 관련하여 큰일도 있었는데 바로 6세기 법흥왕 대에 있었던 이차돈 순교 사건이 바로 그것이에요. 그런데 이차돈이라는 사람의 죽음을 통해서 불교가 간신히 공인된 것은 그만큼 신라의 왕권 발달이 늦었음을 반증하는 거랍니다. 불교의 수용이나 공인은 백성들의 사상을 통일해 주면서 왕권 강화에 이바지했는데, 상대적으로 귀족의 세력이 강했던 신라에서는 불교의 공인이 쉽지 않았던 거예요. 하지만 공인된 이후에는 '왕즉불' 사상을 통해 왕권을 강화할 수 있었어요. 선덕 여왕은 나라를 지키기 위해 황룡사 9층 목탑을 세우기도 했고요.

발전기

통일 신라 시대에는 불교의 대중화가 이루어졌어요. 유명한 세 명의 승려가 등장하는데, 첫 번째는 바로 **원효**예요. '원효대사 해골 물' 이야기는 많이 들어 보지 않았나요? 당시 많은 승려들이 불교를 배우기 위해 당과 인도로 유학을 떠났는데, 원효는 당으로 가던 중 해골 물을 마시는 경험을 통해 모든 것은 마음먹기 달렸다는 사실을 깨닫고 유학을 포기해요. 이후 원효는 모든 것은 한마음에서 비롯된다는 일심 사상을 바탕으로 모든 논쟁을 화합한다는 화쟁 사상을 주장했어요. 또 누구나 '나무아미타불'을 외우면 극락에 갈 수 있다는 아미타 신앙을 전파해 불교 대중화에 가장 큰 역할을 했어요. 대표 저서로 『대승기신론소』, 『금강삼매경론』 등이 있어요. 두 번째로 원효와 함께 당나라로 떠났던 **의상**은 무사히 그곳에 도착해 화엄 사상을 배웠어요. 그리고 「화엄일승법계도」를 통해 '하나에서 모두가 나오고, 모두가 하나가 된다.'라는 화엄 사상을 널리 전파했어요. 의상은 화엄종을 만들어 수많은 제자를 키웠고, 부석사도 세웠어요. 또 관음 신앙도 널리 전파했어요. 마지막으로 **혜초**는 당에 공부하러 갔다가 불교가 만들어진 인도로 가게 돼요. 인도에 다녀온 그는 중국에서 중앙아시아와 인도의 풍물을 기록한 『왕오천축국전』을 저술했어요. 재밌는 점은 세 승려는 모두 중국에서 불교를 배우고자 했는데, 원효는 가다 말고 돌아왔고, 의상은 가서 배워서 돌아왔고, 혜초는 가서 돌아오지 않았어요. 세 승려는 모두 불교 수용기를 지나 일반화되는 시기에 불교에 대해 더 많이 알고자 하였고, 어느 정도 성과를 이루었어요. 또 아직 체계화되지 않은 불교에 관해 연구하고, 집대성하려는 모습을 보였어요. 이제 불교는 본격적으로 발전할 수 있는 기반이 마련되었다고 볼 수 있어요.

전성기

고려 시대에는 국가의 지원을 바탕으로 불교의 전성기를 맞이했어요. 불교는 사람들의 생활과 밀접하게 관련을 맺으며 발전했어요. 고려는 건국 초부터 국가 주도로 절을 지었어요. 절에는 사원전이라는 토지를 지급하고 세금을 면제해 주었어요. 특히 고려 시대에는 승려들이 응시하는 과거 시험인 승과가 실시되었어요. 승과를 통해 급제한 승려들은 국가에서 관직을 받아 승관이 되었어요. 국사·왕사 제도가 있어 나라의 이름난 승려가 국가의 중대사에 대해 조언하기도 했어요. 불교의 종파는 크게 교종과 선종이 있었는데, 선종은 특히 삼국 통일기에 유행하면서 교종과 대립하기 시작했어요. **의천**은 교종을 중심으로 선종을 통합하고자 천태종을 만들었는데 교리를 배우고 수행하는 것을 함께할 것을 주장하는 '교관겸수'를 주장하였어요. 하지만 통합은 실질적으로 이루어지지 못해 의천 사후에 불교의 종파가 다시 교종과 선종으로 분열되었어요. 무신 집권기에는 불교 개혁을 위한 결사 운동이 시작되었어요. 선종 승려였던 **지눌**은 송광사를 중심으로 수선 결사 운동을 전개했어요. 지눌은 선종을 중심으로 교종을 통합하고자 했어요. 그는 인간의 마음이 곧 부처라는 사실을 깨닫고 수행을 계속해야 한다는 '돈오점수'와 수행하면서 교리와 참선을 모두 중요시해야 한다는 '정혜쌍수'를 함께 주장했어요. '돈오'는 '문득 깨닫는다'는 말인데, 흥미롭게도 교육학에 나오는 'A-ha 이론'과 매우 유사해요. 학생들이 공부를 열심히 해도 성적이 오르지 않다가 문득 'A-ha' 하면서 오르는 구간이 생기게 된다는 것이에요. '깨닫고 꾸준히 수행한다'는 '돈오점수'는 여러분이 어떻게 공부를 해야 할지 알려 주는 말이기도 한 거예요. 의천과 지눌 모두 교종과 선종을 통합하려고 노력하였는데, 이는 불교계의 분열을 막고 화합을 이끌고자 했던 것으로 볼 수 있어요.

| 합천 해인사 대장경판, 문화재청

　한편 몽골과 전쟁이 벌어지는 와중에 **팔만대장경**이 조판되었어요. 몽골의 제2차 침입 때 초조대장경이 불에 타 없어지는 바람에 8만 장이 넘는 경판을 다시 만든 거예요. 이는 부처님께 이렇게 정성을 바치면 나라를 보호해 줄 것이라는 '호국 불교'의 믿음을 바탕으로 하고 있어요.

　지눌을 이은 **혜심**은 우주의 원리와 인간의 본성을 탐구하는 성리학(유교)이 불교와 다르지 않다는 유불일치설을 주장했어요. 이는 오히려 불교에 익숙한 고려 사회에 성리학이 널리 퍼질 수 있는 배경을 제공했어요. 결국 조선 시대에 산속으로 쫓겨나는 불교의 운명을 만든 것 역시 불교였다는 사실이 참 재미있지 않나요?

쇠퇴기

원 간섭기에 불교 개혁 운동은 서서히 쇠퇴하였고, 절은 막대한 토지와 노비를 소유할 뿐 아니라 고리대까지 하면서 백성들을 괴롭혔어요. 한편 고려 후기 충렬왕 때에는 안향이 성리학을 수용하였고, 공민왕 때에는 성리학자들이 등용되기 시작했어요. 고려 후기 성리학을 공부하던 신진 사대부는 불교를 배척하기 시작했어요. 조선이 건국된 이후 불교는 크게 쇠퇴하였는데, 특히 조선 건국에 큰 공을 세웠던 정도전은 『불씨잡변』을 써 유교를 숭상하고 불교를 억누르려는 '숭유억불'의 정책을 확립했어요.

불교가 수용되고 쇠퇴할 때까지의 모습을 살펴보니 어떤가요? 왕권 강화를 위해서는 백성들의 다양한 생각들을 통합할 수 있는 거대 종교가 필요했는데, 중국에 있던 불교는 왕권 강화를 이룰 수 있는 좋은 대상이었어요. 이러한 환경에서 필요에 의해 수용되었던 불교는 시대를 거쳐 체계를 갖추고 전성기까지 맞았습니다. 하지만 불교는 유교를 선택한 조선 시대에 결국 쇠퇴하게 되었어요.

이렇게 한국 불교의 흥망성쇠를 알고 각 시대의 불교를 살펴보세요. 그러면 더 깊이 있게 이해할 수 있을 거예요.

한 걸음 더 들어가 보아요!

이차돈 순교비

이차돈 순교비의 내용에 따르면 이차돈이 사망하면서 기이한 일이 일어났다는 것이 강조되어 있어요. 이게 진짜일까요? 그런데 사실인지 아닌지는 중요하지 않아요. 어쨌든 그의 죽음으로 불교가 공인되었으니까요. 불교의 입장에서 보면 그는 어찌 되었든 '순교자'인 거예요.

이차돈 순교비

"목을 벴을 때 목 가운데에서 흰 젖이 한 장(丈)이나 솟구치니, 이때 하늘에서는 꽃비가 내리고 땅이 흔들렸다. 사람들은 서글프게 울었고 동요하면서 불안해하였다. 길에는 곡(哭)소리가 이어졌고 우물에는 완전히 발길이 멎었으며, 눈물을 흘리면서 염을 마쳤다. 시신은 북산(北山)에 안장하였고 서산(西山)에 사당을 세웠다."

통일 신라와 고려의 불상

통일 신라와 고려의 불상을 비교해 볼까요? 종교와 관련된 유물은 같은 종교라 하더라도 각 시대를 살아가던 사람들의 신에 대한 태도나 마음을 보여 줘요. 삼국 통일 시기의 완벽한 인체 비례를 가진 석굴암 본존불상은 '완벽한 신'을 열망하는 신라 사람들의 바람을 보여 줍니다. 거대한 관촉사 석조 미륵보살 입상은 자신들을 내려다보는 위엄 있는 거대한 신의 모습을 표현한 것으로 보여요.

| 석굴암 본존불상, 국가 문화 유산 포털

| 관촉사 석조 미륵보살 입상

PART 4 근 세

왜 똑같이 '조선'이라고 이름 지었을까요?

조선의 건국

초등학교 4학년 예교는 고조선과 조선이 같은 이름을 가진 나라였다는 사실을 까맣게 몰랐대요. 조선이라는 나라가 역사상 두 번 있었으니, 후대 사람들이 첫 번째 조선에 '옛 고(古)' 자를 붙여 두었다는 이야기에 깜짝 놀랐대요. 어떻게 나라 이름을 같은 이름으로 두 번 지을 수 있을까 싶대요. 그런데 사실 이런 일은 또 있었어요. 고구려를 계승하는 고려도 고구려의 줄임말이잖아요?

그렇다면 왜 똑같이 '조선'이라고 이름 지었는지, 조선은 어떻게 세워졌는지 한번 살펴볼까요?

정몽주와 정도전 등 신진 사대부들은 신흥 무인 이성계와 손을 잡게 되었어요. 1387년 요동에서 원을 몰아낸 명은 고려에 철령위를 설치하려고 했어요. 이에 고려는 철령위 설치에 반대해 최영을 중심으로 요동을 공격하기로 했어요. 총사령관이었던 최영은 이성계를 요동으로 보냈는데, 이성계는 요동으로 가던 도중, 압록강을 건너다 위화도에서 회군해 돌아왔어요.

회군하여 정권을 잡은 이성계를 등에 업고 신진 사대부들은 개혁을 시작했어요. 가장 먼저 권문세족이 불법적으로 점유하고 있던 토지들을 빼앗아 신진 관료들에게 나누어 주기 위해 과전법을 시행했어요(1391). 이후 신진 사대부들은 나라의 개혁을 위해 새로운 국가를 세울 것인지, 고려를 그냥 두고 개혁을 추진할 것인지에 대해 다투었어요. 그 결과, 정도전을 중심으로 한 급진 개혁파 신진 사대부들이 이성계를 왕으로 추대하여 조선을 건국했어요.

사실 이성계는 처음 국호와 제도를 모두 고려의 것을 따른다고 했대요. 하지만 즉위한 지 1년 후, 국호를 '조선'으로 정하였습니다. 그런데 국호는 이성계 혼자 정한 것이 아니었어요. 조선의 국호를 정해 준 나라는 명이었어요. 이성계는 '조선'과 '화령'이라는 두 이름을 명으로 보내 그 가운데서 결정해 주기를 청했대요. 단군 조선의 혈통과 독자성을 잇고자 했던 두 번째 조선은 중국으로서는 중국의 역사를 잇는 기자 조선을 의미하기도 했어요. 따라서 명에서는 '조선'을 국호로 선택해 주었어요.

조선을 건국한 태조 이성계와 신진 사대부는 성리학을 중심으로 유교주의 국가를 세웠어요. 특히, 정도전은 조선의 수도 한양을 유교 원리에 따라 만들어 갔어요. 『주례』에 따라 경복궁 동쪽에 종묘를 두어 조상을 섬겼고, 서쪽에는 사직단을 두고 토지신과 곡식신에게 제사를 지냈어요. 도성의 사대문의 이름에 '인의예지'를 넣어서 흥

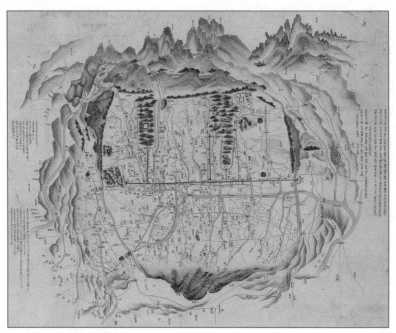

| 도성도, 국립 중앙 박물관

인지문(동), 돈의문(서), 숭례문(남), 숙정문(북)이라고 이름 붙였어요.
실제 사람의 출입이 거의 없는 험준한 산악 지역에 있었던 숙정문은
다른 도성의 문과 달리 실질적인 성문의 역할을 하지 못했어요. 대신
서북쪽의 창의문 인접한 지역에 홍지문(弘智門)을 내어 그쪽을 통해
다니게 하고, 실질적인 북대문의 역할을 하도록 했대요.

또 조선은 유교 이념에 충실한 인재를 양성하기 위해 교육 기관을
세우고 과거 제도를 정비했어요. 한양에는 최고의 국립 교육 기관인
성균관과 4부 학당을 세우고, 지방의 군현에는 향교를 세웠어요. 나

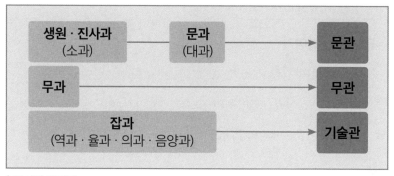

| 조선의 과거제

라에서 운영하는 교육 기관 외에도 사립 교육 기관으로 서당과 서원도 있었지요.

　조선 시대 관리를 선발하는 방식은 과거, 취재, 음서, 천거가 있었어요. 과거 시험은 문과, 무과, 잡과로 나누어졌어요. 대과인 문과에 응시하기 위해서는 소과를 먼저 봐야 했는데, 소과에 응시해 급제하면 생원이나 진사가 되었고, 성균관에 입학할 자격을 얻었어요. 고려에는 거의 실시되지 않았던 무과도 실시되어 무관을 선발했는데, 무예도 시험하였지만 유교 경전에 대한 지식도 있어야 급제할 수 있었어요. 잡과는 역과, 율과, 의과, 음양과가 실시되었는데 이를 통해 전문 기술직 관리를 선발했어요. 취재는 하급 관리를 뽑기 위해 실시한 과거라고 여기면 돼요. 음서나 천거도 관리를 선발하는 방식이었지만 조선에서는 과거가 가장 중요했어요. 이렇게 조선은 유교를 중심으로 이전 사회와는 다른 새로운 사회로 발전해 갔어요.

단심가와 하여가

정몽주와 이방원의 시조를 통해 그들의 생각을 알아볼까요? 정몽주의 시조는 「단심가」, 이방원의 시조는 「하여가」라고 불려요. 여러분은 어느 쪽에 더 마음이 가나요?

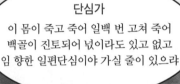

단심가

이 몸이 죽고 죽어 일백 번 고쳐 죽어
백골이 진토되어 넋이라도 있고 없고
임 향한 일편단심이야 가실 줄이 있으랴

하여가

이런들 어떠하리 저런들 어떠하리
만수산 드렁칡이 얽힌들 어떠하리
우리도 이같이 얽혀 백 년까지 누리리라

| 단심가와 하여가

국가가 하는 일은 얼마나 많을까요?

조선의 중앙 정치 조직

중학교 2학년 현교는 정부가 얼마나 많은 일을 하고 있는지 알아보니 새삼 놀랐대요. 그런데 과거에도 국가가 백성들을 위해 해야 할 일들은 정말 많았을 거예요. 조선의 통치 체제를 살펴볼까요?

조선의 중앙 정치 조직은 **의정부**와 **6조**를 중심으로 구성되었어요. 의정부에서는 재상들이 모여 국가의 중대사를 논의했어요. 6조는 집행 기구로서 각각 맡은 행정 업무를 담당했어요. 고려 시대에는 6부가 있었는데 조선 시대에는 6조가 같은 일을 맡았어요. 이조는 인사 관리, 호조는 재정, 예조는 교육과 외교, 병조는 군사와 국방, 형조는 형벌과 재판, 공조는 건축과 토목 공사 등을 담당했어요. 고려나 조선의 나랏일은 이렇듯 크게 6가지로 나누어져 있었던 거예요. 국가가 하는 일은 정말 많았지만, 어느 시대이거나 현재까지도 6가지 큰일을 중심으로 이루어진다고 볼 수 있어요. 그런 의미에서 6조가 하는 일을 각각 꼭 기억해 두는 것이 좋겠지요? 이 6가지 일을 기본으로 하여 다른 기관들이 추가되었답니다. 사헌부, 사간원, 홍문관

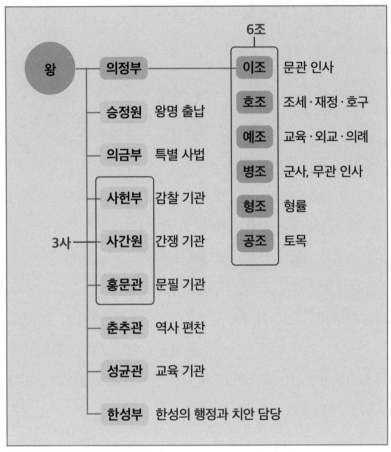

| 조선의 중앙 정치 조직

을 합쳐 **3사**라고 불렀는데, 사헌부는 관리의 비리를 감찰하고, 사간

원은 고려 시대 중서문하성의 낭사와 같은 기관으로 왕이 정치를 제

대로 하는지 감시하는 역할을 맡았어요. 사헌부와 사간원에서 일하

는 대관과 간관을 합쳐 대간이라고 불렀는데, 조선의 정치 기구 가

운데 가장 혁신적인 면을 보여 준다고 할 수 있어요. 홍문관은 경연을 담당한 기관이었는데 왕에게 자문하는 역할을 했어요. 왕의 비서 기관으로는 승정원을 두었고, 수도의 행정과 치안을 담당하는 한성부도 만들어졌어요. 국가의 큰 죄인을 다스리는 의금부와 역사서를 편찬하는 역할을 담당하는 춘추관도 있었어요.

그런데 조선은 왕에 따라 의정부와 6조가 변형되어 운영되었어요. 두 차례 왕자의 난이라는 피바람 끝에 집권에 성공한 태종 이방원은 강력한 국왕 중심 권력 체제를 완성하기 위해 6조가 의정부를 거치지 않고 직접 왕의 허락을 받아 일하도록 했어요. 이를 **6조 직계제**라고 불렀는데 왕이 재상들의 눈치를 보지 않고 바로 정책을 시행할 수 있었답니다.

세종은 역사상 신하들을 가장 잘 다룬 왕이었던 것 같은데, 제도적으로 왕권과 신권의 조화를 추구한다는 목적으로 **의정부 서사제**를 실시했어요. 세종은 관리를 임명하거나 군사적으로 중요한 일을 제외한 6조의 일을 왕에게 보고하지 않고 의정부에서 논의하도록 했어요. 또 집현전을 설치하여 경연을 담당하게 해 신하들의 목소리를 듣고자 했어요. 재상들의 권력을 충분히 인정해 주고 자율성을 보장하면서, 왕을 돕고 국가를 위한 일들을 스스로 해내도록 한 것으로 볼 수 있지 않을까요?

단종을 쫓아내고 왕이 된 세조는 6조 직계제를 시행해 재상들의 권력을 누르고자 했어요. 자신이 왕위를 정당하게 세습한 것이 아님을 스스로 알고 있었기에 더욱 신하들을 경계하였던 것 같아요.

　이처럼 국가의 일을 주도하는 기관들은 크게 변하지 않았지만 이를 활용하는 방식은 어떤 왕이었느냐에 따라 달라졌던 거예요.

조선 전기 의정부와 6조

다음 도표를 통해 조선 전기 의정부와 6조가 어떻게 변형되어 운영되었는지 살펴볼까요?

왕자의 난			계유정난		
정종	태종	세종	단종	세조	성종
의정부 서사제	6조 직계제	의정부 서사제	의정부 서사제	6조 직계제	의정부 서사제

세금을 거두는 가장 공평한 방식은 무엇일까요?

조선 전기의 조세 제도

고등학교 1학년 윤교는 역사상 가장 공평하게 세금을 거두었던 시대가 언제인지 궁금하대요. 그런데, 정말 공평한 과세라는 것이 현실적으로 가능했을까요? 질문을 좀 바꾸어야 할 것 같아요. 어떻게 하면 더 많은 세금을 거둘 수 있을까를 고민했던 것이 아니라, 백성들에게 공평히 세금을 거두고 더 나은 삶을 살게 할 수 있을까를 고민했던 왕은 누구일까요? 여러분도 궁금해졌나요? 그럼 한번 알아볼까요?

조선은 관리들의 경제 기반을 마련하기 위해 나라를 건국하기에 앞서 과전법부터 시행했어요. 조선의 전·현직 관리들은 경기도 지방의 땅을 과전으로 받았어요. 과전법은 전시과처럼 토지의 소유권을 주는 것이 아니라 수조권, 즉 세금을 거두는 권리를 나누어 주는 방식이었어요. 과전은 관리가 죽으면 국가에 반납해야 했지만, 수신전과 휼양전 그리고 공신전은 자손에게 세습할 수 있었어요. 그런데 세습되는 토지가 많아지자 관리에게 지급할 토지가 부족해졌어요.

세조는 직전법을 시행하여 현직 관리에게만 과전을 나누어 주었어요. 하지만 관리들이 백성들에게 세금을 과하게 거두면서 백성들의 삶이 어려워지자 성종은 국가에서 조세를 직접 거두어 관리에게 전달하는 관수관급제를 시행했어요. 16세기 중엽 명종 대에 들어서는 직전법이 없어지고 관리들은 연봉과 비슷한 녹봉을 받았어요. 관직을 맡아 국가에 봉사하는 대가로 지급되는 토지에 대한 권리가 점점 축소되다가, 백성들의 삶에 큰 제약이 되자 점차 없어지는 방향으로 정리가 된 거예요.

그렇다면 세금을 거두는 방식에 대해 더 자세히 알아볼까요? 조선 시대 세금의 종류는 크게 세 가지였어요. (사실 삼국 시대부터 세금의 종류는 비슷하게 세 가지였어요.) 첫 번째는 토지에 부과하는 **전세**였어요. 전세를 거두는 과전법의 경우, 수확량의 10분의 1을 부과했어요. 세종은 농민의 부담을 줄이고 공평한 과세를 위해 세금을 거두는 방식을 더욱 세분화했어요. 먼저 토지의 비옥도에 따라 6등급으로 나눈 **전분6등법**을 시행했어요. 생산량에 따라 토지의 면적을 조정하였는데, 토지가 비옥할수록 그 면적은 작아졌어요. 같은 면적이라고 하더라도 비옥도에 따라 생산량이 달라질 테니 공평한 과세를 위해서는 꼭 조정할 부분이었답니다. 그런데 이렇게 해도 문제는 있었어요. 매년 풍흉의 정도가 달라졌기 때문에 같은 등급의 땅이라도 다른 장소에 있으면 수확량이 달라질 것이 뻔했습니다. 따라서 세종은 그해의 풍흉을 9단계로 나누었어요**(연분9등법)**. 가장 풍년이 들었을 때는 상상년(上上年), 가장 흉년이 들었을 때는 하하년(下下年)이었답니다. 상상년이면 1결당 20두, 하하년이면 1결당 4두를 세금으로 냈어요. 2두 간격으로 9단계가 만들어지게 된 거예요. 토지 1결의 면적은 비옥도에 따라 달라져 6가지였고, 1두는 약 18L였어요. 이렇게 조정된 세금을 거두는 방식은 백성들에게 큰 도움이 되었을 거예요. 조선에 큰 전란이 일어나 농사를 짓는 일이 어려워지자, 나라에서는 전세를 최하 세율, 즉 하하년에 해당하는 양만 거두는 것으로 바꾸기도 했어요. 백성들을 위해서는 때와 사정에 따라 세금을 거두는 방식이 계속 바뀌어야만 했어요.

두 번째는 **공납**이었어요. 공납은 지역의 특산물을 국가에 바치는 것이었어요. 현물로 내야 하는 공납의 원칙 때문에 공물을 지역에서 점차 찾기 어려워지거나 없어지면 다른 지역에서 사서 내야 했어요. 그렇기에 백성들에게는 큰 어려움이 있었어요. 심지어 16세기가 되면 중앙 관청의 하급 관리나 상인들이 대신 공납을 납부해 주면서 지나친 대가를 받아 가는 바람에 백성들의 고충이 더욱 커졌는데, 이를 **방납의 폐단**이라고 불러요.

세 번째는 **역**이었어요. 역에는 군사로 동원되는 **군역**과 토목 공사와 같은 건축 일에 동원되는 **요역**이 있었어요. 군역에는 일정 기간 군대에 복무하는 정군과 정군이 복무할 때 드는 비용을 대는 보인이 있었어요. 그런데 다들 정군보다는 보인을 하고 싶어 했기 때문에 16세기 이후 사람을 사서 군역을 대신하게 하는 **대립제**가 일반화되었어요. 그러다 보니 관청에서 군역을 해야 할 사람들에게 포를 받고 군역을 면제해 주는 방군수포제라는 불법이 행해졌어요.

자, 어떤가요? 공부하기는 어려워도 세금이 복잡하게 부과될수록 백성들에게는 유리한 것 같지 않나요? 어떻게 하면 더 백성들에게 도움이 될까 연구하고 또 연구해 복잡한 부과를 만들었던 세종 대왕의 마음을 이해하는 차원에서라도 조선 시대 세금을 거두는 방식에 대해 잘 알아 두면 좋겠어요.

성리학은 조선을 이롭게 만들었나요?

성리학과 사림 세력

초등학교 4학년인 예교는 유교와 성리학이 어떻게 다른지 잘 모르겠대요. 유학과 성리학은 같은 걸까요, 다른 걸까요? 정답을 말하면 성리학은 공자와 맹자가 완성한 유학을 송나라 때 주희라는 사람이 새롭게 해석한 신유학이에요. 그러니까 성리학은 원래 있던 유학의 새로운 흐름이랍니다. 그러면 유학은 성리학과 같은 건가요, 다른 건가요? 우리는 그 질문보다 유학이 되었든 성리학이 되었든, 이들 학문이 조선에 어떤 영향을 주었는지를 생각해 보려고 해요. 성리학은 조선에 어떤 영향을 미쳤나요? 조선에 이로운 학문이었을까요?

성리학은 '인간의 본성이란 무엇인가.'라는 물음에서 출발해 '우주의 근본 원리란 무엇인가.'라는 질문에 대한 답을 찾기 위한 학문이에요. 다시 말해 내 마음속에 무엇이 들어 있는지를 들여다보는 지극히 개인적인 질문에서 출발해 우주가 어떻게 운행되는지와 관련된 거대한 질서의 답까지 찾아보려는 지극히 철학적이고 사색적인 학문이랍니다.

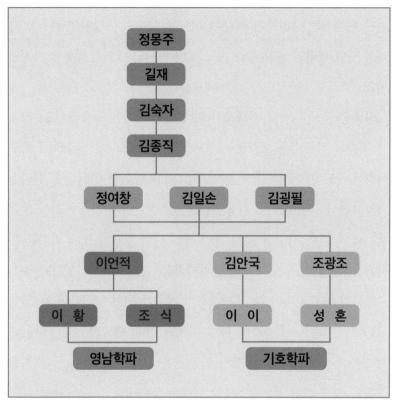

| 사림 세력의 계보

    조선에서는 15세기 중반 이후 사림 세력이 성장했어요. 사림 세력은 성리학을 기반으로 정치를 주도하였던 양반들을 뜻해요. 그런데 이에 앞서 세조, 예종, 성종 대에는 훈구 세력이 득세했어요. 훈구 세력은 세조가 왕이 되는 데 공을 세우고 이후 여러 대에 거쳐 고위 관직을 독점하였을 뿐 아니라 대토지와 많은 노비를 거느리며 권력을 누렸어요. 사림 세력은 이들을 비판하며 등장하였어요. 바른 조선이

되기 위해서는 성리학이 바탕이 되어야 한다고 주장하였답니다. 따라서 사림 세력의 성장은 곧 훈구 세력과 사림 세력의 대립을 가져왔어요.

성종은 훈구 세력을 견제하기 위해 사림 세력을 등용했어요. 정계에 진출한 김종직을 포함해 사림 세력은 주로 3사에 진출하여 훈구 세력이 주도하는 정치를 비판했어요. 이후 즉위한 연산군은 신권을 억압하면서 사림 세력의 활동을 제한했어요. 이 시기에 사화가 발생했는데, 사화는 '사림의 화'를 줄인 말로 사림 세력이 크게 피해를 본 사건을 말해요. **무오사화**와 **갑자사화**는 연산군 대에 일어났어요. 무오사화는 김종직이 쓴 '조의제문'이 계기가 되어 일어났어요. '조의제문'에는 항우가 초나라의 황제 의제를 강에 빠뜨려 죽인 것에 대해 안타까워하는 마음이 담겨 있었는데, 사림 세력은 이 글을 성종실록에 싣고 싶어 했어요. 사림 세력을 몰아내고 싶었던 훈구 세력은 이 글을 들고 연산군을 찾아갔어요. '항우는 세조를 말하는 것이고, 초나라 의제는 단종을 말하는 것이 아니냐.'며 모함했던 거예요. 연산군은 안 그래도 자신을 이러쿵저러쿵 비판하는 사림 세력을 몰아내고 싶었는데, 기회는 이때다 싶어서 사림 세력에게 죄를 뒤집어씌웠어요. 자신의 할아버지인 세조를 비난하는 글을 작성한 것으로 여겨서 이미 죽은 김종직의 관을 열어 시체를 토막 내는 '부관참시'의 형벌을 내리고, 성종실록에 '조의제문'을 싣고자 하였던 모든 사림 세력을 내쫓아 버렸어요. 연산군은 이 사건을 기회 삼아 강력한 왕이 되고자 했고, 어느 정도 성공했다고 볼 수 있어요. 이후 폭군이 되는 길이 예정되어 있었습니다. **갑자사화**도 역시 연산군 대에 일어났는데, 연산군의 어머니인 윤씨를 쫓아내는 데 찬성했던 사람들을 모두 찾아 죽인 사건이에요. 이 사건은 개인적인 원한과 관련된 것으로 '사화'라고 보기 어렵다고 말하는 사람들도 많아요.

두 차례 사화를 통해 중앙 정치에 피바람을 일으킨 연산군은 결국 왕의 자리에서 쫓겨났어요. 반정을 통해 왕위에 오른 중종은 자신을 왕위에 앉혀 준 신하들의 눈치를 볼 수밖에 없었어요. 중종은 이들을 견제하고 왕권을 바로 세우기 위해 조광조를 비롯한 사림 세력을 등용했어요. 조광조는 추천자들을 면접하여 관리를 뽑는 **현량과**를 실시할 것을 건의하였는데, 이를 통해 많은 사림 세력이 중앙 정치에 진출할 수 있었어요. 이들은 왕에게 개혁이 필요해 보이는 다양한 사안들을 건의하고 실천하였는데, 특히 '위훈 삭제'는 훈구 세력에게 큰 반발심을 갖게 했어요. '위훈 삭제'는 중종이 왕위에 오를 수 있도록 공을 세운 사람들 가운데 거짓되게 공신이 된 사람들이 있어 이들의 이름을 삭제해야 한다는 주장이었어요. 그런데 사림 세력의 힘이 점차 강해지자 중종은 이들을 견제하고자 하는 마음이 생겼어요. 사림 세력을 등용한 것은 훈구 세력을 견제하기 위해서였지, 사림 세력에게 휘둘리고 싶지는 않았던 거예요. 이러한 배경에서 **기묘**

| 벌레가 갉아 먹은 '주초위왕' 글씨 모양

사화가 일어났어요.

어느 날 궁 안에 있던 나무의 나뭇잎을 벌레가 갉아 먹었는데, 그 모양이 '주초위왕'이라는 글씨였어요. 주(走) 자와 초(肖) 자를 합하면 '조(趙)' 자가 되는데, 이는 바로 조광조의 성씨였어요. 중종은 이 일을 계기로 조광조를 관직에서 쫓아냈을 뿐 아니라, 수많은 사림 세력을 귀양 보냈어요.

한편 중종 말기부터 인종의 외척인 대윤과 명종의 외척인 소윤의 싸움이 시작되었는데, 명종이 즉위하자마자 윤원형을 중심으로 한 소윤 세력이 윤임을 중심으로 하는 대윤을 제거하는 사건이 일어났어요. 그로 인해 대윤 세력에 속해 있던 사림 세력이 대거 쫓겨나게 되었어요(**을사사화**).

사림 세력이 화를 입은 사건을 정리해 보니 어떤가요? 정계에 사림 세력이 남아나지 않았겠다는 생각이 들지 않나요? 하지만 사림 세력은 강했어요. 중앙 정계에서 쫓겨났지만, 지방에서 서원과 향약을 바탕으로 자신들의 기반을 넓히며 꾸준히 성장했거든요. 그들은 지방 사립 대학과도 같은 서원을 중심으로 정치 세력을 형성하고, 향촌의 자치 규약인 향약을 만들어 보급하면서 실질적 지배자로 자리 잡았어요. 풍기의 군수 주세붕이 세운 백운동 서원은 서원의 시초라고 여겨져요. 명종 대에 이르러 백운동 서원은 왕의 인정을 받고 '소수서원'이라는 이름을 하사받기도 해요.

조선 최초의 사액 서원이 등장하였다는 사실은, 국가가 서원을 성리학의 정통성을 가진 기관으로 인정했다고도 볼 수 있어요. 이는

| 소수서원 강학당

사림 세력, 서원, 성리학의 세 요소가 조선의 중요한 지배 구조를 만들 것임을 보여 줍니다.

　드디어 선조 대에 오면 사림 세력은 훈구 세력을 모두 몰아내고 중앙 정치를 주도하게 돼요. 이제 정국은 안정되고 사림 세력이 외쳤던 '성리학을 바탕으로 세워진 올바른 조선'이 만들어져야 하지만, 그들은 안에서 싸움을 다시 시작해요. 먼저 이조의 '전랑'이라는 자리를 두고 다투었답니다. 이조의 정5품 전랑과 정6품 좌랑을 합쳐 불렀던 이조 전랑은 품계는 낮은 편이나 3사의 관리를 임명하고, 후임 전랑을 지명할 수 있어 권한이 매우 큰 자리였어요. 이를 어떤 세력이 차지하느냐를 놓고 싸우다 사림 세력은 결국 동인과 서인으로 나누어졌어요. 동인은 이황, 조식, 서경덕의 학문을 계승한 이들로 그 흐름을 이어 갔고, 서인은 이이와 성혼을 중심으로 한 학풍을 이어 갔어요. 지역적으로 동인은 영남학파, 서인은 기호학파로 불렸어요. 이후 이러한 학연은 조선의 정치 세력을 형성하는 가장 기본적인 조건이 되었답니다. 사림 세력은 이후 나뉘어 저마다 당을 형성하고 정치에 참여했는데, 이를 붕당이라고 해요. 여러 정치 세력이 공존하며 상호 견제 하는 붕당을 나쁘다고만 할 수는 없어요. 한 당이 상대 당을 모두 몰아내고 마음대로 정치를 주도하는 붕당 정치가 변질되면서 문제가 생긴 거랍니다. 동인과 서인, 남인과 북인, 시파와 벽파, 노론과 소론 등으로 계속 나누어지고 다투는 것처럼 보이는 이후 조선의 정치 형태는 '당파 싸움'처럼 보여요. 하지만 이는 조선의 정치를 비하하려는 의도를 가진 평가이므로, 붕당의 긍정적인 의미도 잊지 않았으면 좋겠어요.

성리학은 조선을 이롭게 했을까요? 분명한 것은 성리학을 통해 조선을 이롭게 하려고 노력했던 사람들이 있었고, 성리학을 통해 이롭게 한다는 명분으로 자신의 실리를 쌓은 사람도 있었다는 사실이에요. 이상과 현실은 달라서 학문을 실천한다는 것은 정말 어려운 일이었겠지만, 조선이 어디로 가야 할지에 대해 고민하고 나아갈 방향을 제시한 것이 성리학이라는 사실은 부정할 수 없을 것 같아요.

붕당 정치와 당파성론

'당파 싸움' 다시 말해 '당파성론'은 일제가 조선의 식민 지배를 정당화하기 위해 만들어 낸 식민사관 중 하나였어요. 식민사학자들은 조선 후기 정치에 대해 관리들이 저마다 당을 지어 싸우느라 결국 나라를 망쳤다고 주장하고 싶었던 거예요. 아직도 그렇게 생각하는 사람들이 많아요. 조선을 식민지화해 착취하려는 의도를 가진 이들의 말도 안 되는 합리화를 아직도 많은 사람들이 믿고 있는 것은 정말 안타까운 일이에요.

다음은 4가지 식민사관이에요. 일본이 식민 지배를 어떻게 정당화하려고 했는지 살펴볼까요?

일선동조론	원래 한국과 일본은 같은 민족으로 한국은 외세의 침략으로부터 일본의 보호와 도움을 받아야 한다는 주장이에요. 한 민족의 독자성을 부정하고 일본과의 합병이나 식민지 지배를 당연한 일로 받아들이게끔 만들기 위해 주장되었어요.
정체성론	한국은 역사적 격동 속에서 능동적으로 발전하지 못하였으며, 식민지화가 진행되는 시기의 조선 사회가 10세기 말 고대 일본의 수준과 비슷하다고 보는 주장이에요. 특히 한국에는 봉건 사회가 형성되지 못해 사회, 경제적 발전이 이루어지지 못했다고 주장하였는데, 이는 한국의 근대화를 일본이 도왔다는 논리가 되었어요.

타율성론	한국의 역사는 주체적인 역량 없이 중국이나 몽골, 만주, 일본 등 주변 외세의 간섭과 힘에 좌우되었다는 주장이에요. 특히, 한국사는 중국의 식민 지배로부터 시작되었다고 보았는데, 반도적 성격론과 사대주의론의 주장으로 더욱 심화되면서 일본의 식민 지배를 정당화했어요.
당파성론	이 주장은 조선의 문화 수준이 낮다는 것을 전제로 하고 있어요. 조선의 지배층이 자신의 이익을 위하여 파벌을 만들어 싸웠기 때문에 나라가 혼란에 빠졌다고 주장하면서 당쟁과 사화를 그 예로 들었어요. 이는 한국의 잘못된 민족성 때문이라는 주장도 덧붙여 일본의 식민 지배의 필요성을 강조했어요.

임진왜란은 누가 이긴 전쟁인가요?

임진왜란의 영향과 결과

중학교 2학년 현교는 임진왜란이 **'도자기 전쟁'**인 이유가 궁금하대요. 일본이 임진왜란을 통해 도자기가 발달해서 그렇게 부른다고 했더니, 그렇다면 조선이 승리했어도 결국 조선만 피해를 본 게 아니냐며 허탈해했어요. 일본은 도자기가 발달했고, 조선은 전쟁의 피해만 입었다면 현교의 말이 맞는 거 아닐까요? 여러분은 어떤가요? 임진왜란은 조선이 이긴 전쟁이 맞기나 한 걸까요?

조선은 성립기부터 일본에 대해 교린 정책을 폈어요. 이는 때때로 회유하고 때때로 강하게 나가는 것을 의미해요. 고려 말부터 시작된 왜구의 침략은 조선 초기까지 이어져 백성들이 큰 고통을 겪었어요. 세종 대에 이종무는 전함 227척을 거느리고 왜구의 본거지인 쓰시마섬(대마도)을 정벌하기도 했어요. 이후 지금의 부산포(부산), 제포(창원), 염포(울산)의 3포가 개항되어 일본과 교역이 활발히 이루어졌고, 쓰시마에서 조공의 형식으로 조선에 사신을 파견하기도 했어요. 그러다 16세기에 이르러 3포에 거주하는 왜인들의 숫자가 늘고, 그

혜택이 커지면서 조선이 이를 제약하자 왜인들은 삼포왜란(1510)을 일으켜 저항하기도 했어요.

도요토미 히데요시는 약 100년 동안 다이묘들이 전쟁을 벌였던 일본의 전국 시대를 통일했어요. 그런데 이 통일은 잠시 전쟁을 멈춘 것에 불과했기에 언제 다시 혼란이 찾아올지 알 수 없었어요. 이에 그는 무사들의 불만을 외부로 돌리고자 '중국 대륙의 정복'이라는 새로운 목표를 찾아냈어요. 이를 위해 조선에 중국 대륙으로 가는 길을 열어 달라고 요청하였어요. 그러니 임진왜란은 처음부터 우리와는 상관없는 전쟁이었던 거예요.

중국 명나라를 섬기고 있었던 조선은 일본의 요청에 호응할 수 없었어요. 결국, 일본은 조선 침략을 시작했어요. 1592년 도요토미 히데요시는 20만 명이 넘는 군사들을 조선에 보냈어요. 일본군은 아무 대비도 하고 있지 않았던 조선의 부산진과 동래성을 바로 함락했어요. 이를 시작으로 일본군은 거침없이 한양을 향해 진군했어요. 한양은 전쟁이 시작된 지 겨우 20일 만에 일본군에게 함락되었고, 선조는 의주로 피해 명에게 지원을 요청했어요.

이제 우리의 **이순신** 장군이 등장할 때가 되었어요. 이순신은 옥포, 당포, 한산도 등에서 잇따라 승리를 거두고 남해의 제해권을 장악했어요. 육지에서는 김시민이 진주성에서 큰 승리를 거두면서, 일본은 보급로를 차단당하고 위기에 처하게 되었어요. 일본에서는 전국 시대에 다이묘를 인질로 삼으면 전쟁의 승기를 잡을 수 있었기 때문에, 우리나라에서도 조선의 왕을 잡으면 전쟁을 끝낼 수 있을 것으로 생각하고 인조를 쫓아 북으로 전진하였어요. 이는 결국 후방을 소홀히 하는 결과가 되어 조선에게 전쟁의 주도권을 넘기는 결과를 낳았어요.

한편 명의 군대가 조선으로 파병되어, 조명 연합군은 평양성을 탈환했어요. 행주산성에서 권율과 지역 사람들이 모두 힘을 합하여 일본군을 물리치기도 했고요.

이후 일본군은 남해안 일대에 왜성을 쌓고 명과 휴전 협상을 시작했어요. 3년에 걸친 휴전 회담은 일본의 무리한 요구로 성사가 어려웠어요. 사실 일본은 다시 전쟁을 준비할 시간을 벌고 있었던 거예요. 일본은 다시 전쟁을 일으켜 침략을 시작했어요(597, 정유재란). 당시 전쟁의 영웅으로 칭송받았던 이순신은 선조와 다른 관리들에게 제대로 평가받지 못하고 관직에서 쫓겨나 있었는데, 결국 가장 어려운 순간 다시 돌아오게 돼요. 이순신은 명량 대첩에서 남은 12척의 배를 가지고 133척의 왜군과 전투를 벌였어요. 이순신은 어려운 순간에도 전쟁에서 이길 것을 확신하고 물길에 대한 지식과 뛰어난 전술을 통해 지역민과 합심하여 기적과도 같은 승리를 거두었어요. 1598년 조선의 침략을 주도한 도요토미 히데요시가 죽자, 일본군은 조선에서 철수하기 시작했어요. 이순신은 돌아가는 그들을 마지막

| 행주대첩

으로 공격하기로 했어요. 또다시 침략하지 못하도록 만들고자 했던 거예요. 그는 일본군 전함 500여 척과 노량 앞바다에서 해전을 벌였어요. 전투에서는 승리하였지만, 안타깝게도 이순신은 적의 화살에 맞아 죽음을 맞이했어요.

처음에도 언급했던 것처럼 임진왜란은 일본이 명을 침략하겠다면서 시작되었어요. 그런데 전쟁은 조선에서만 벌어졌어요. 피해는 고스란히 조선이 입었답니다. 전쟁에서 승리했다지만 조선은 임진왜란을 겪은 후 큰 위기를 맞게 되었어요. 인구가 많이 감소했고, 경작지도 3분의 1로 줄어들었어요. 토지 대장과 호적이 대부분 의미가 없어졌고, 신분 질서도 위기를 맞았어요.

그런데 일본은 조선에서 수많은 문화재를 약탈하고 유학자와 기술자를 일본으로 데려갔기 때문에 훗날 성리학, 도자기, 활자 기술이 크게 발전했어요. 특히 도자기를 만드는 기술이 크게 발전해, 임진왜란을 '도자기 전쟁'이라고도 불러요.

임진왜란 전, 일본에는 우리나라처럼 청자나 백자를 만드는 기술이 없었어요. 임진왜란을 통해 일본으로 끌려간 도공들은 도자기를 만들고 기술도 가르쳐 줄 수밖에 없었어요. 지금도 일본에서 도자기를 만드는 사람들 가운데 이름난 이들은 조선 도공의 후손이래요. **이삼평, 심수관**과 같은 사람들이 알려져 있어요. 둘은 모두 정유재란 때 일본에 끌려간 인물들로 현재까지 그 후손들이 일본에서 도자기를 만들고 있어요. 지금까지 인정받고 있다니 한편 자랑스럽기도 하지만 전쟁 중에 타국으로 끌려가 고단한 삶을 살았을 도공들을 생각하면 가슴이 아프네요.

시조를 통해 본 임진왜란

다음 시조에는 전쟁으로 자식을 잃은 노인과 손주가 나와요. 전쟁의 승리와 관계없이 평범한 사람들이 얼마나 큰 고통을 겪었을까 생각해 보면 가슴이 아파요. 다음 시조를 읽고 질문에 답해 볼까요?

> 흰둥개가 앞서가고 누렁이가 따라가는
> 들밭 풀가에는 무덤들이 늘어섰네.
> 제사 마친 할아버지는 밭두둑 길에서
> 저물녘에 손주의 부축 받고 취해서 돌아온다.
> —이달(조선 선조 시대)

- 풀가의 무덤은 누구의 무덤일까요?
- 할아버지는 왜 취했을까요?
- 한시를 통해 알 수 있는 당시 사회의 모습은 어땠을까요?

영화로 보는 임진왜란

영화 〈명량〉을 봤나요? 영화를 봤다면 가장 인상적이었던 부분을 생각해 볼까요? 이 영화의 가장 중요한 메시지는 바로 우리가 우리를 도와야 전쟁에 이길 수 있다는 것인 듯해요. 일본 수군들은 앞서

간 배들이 이순신에게 계속 당하는 것을 보고 있기만 해요. 이순신이 두려워서 쉽게 나서지 못했습니다. 하지만 우리 조선 수군들과 조선 백성들은 달랐어요. 처음에 적의 위세에 도망갔던 배들도 결국 돌아와 이순신을 도왔고, 이순신이 탄 배가 위기에 처했을 때도 몸이 불편한 조선의 백성들까지 나룻배를 타고 바다로 나와 조선군과 힘을 합쳤거든요.

PART 5 근 대

왕권은 백성들의 삶에 어떤 영향을 끼칠까요?

조선 후기 정치 변화

초등학교 4학년 예교는 대통령이 우리나라의 모든 문제를 해결할 수 있다고 생각하나 봐요. 뭐든 대통령한테 말하면 되지 않냐고 하거든요. 옛날에 왕이 다스린 시절을 살았던 백성들은 어땠을까요? 왕이 백성들의 어려움을 해결해 줄 수 있다고 믿었을까요? 왕권이 강해 왕이 백성들을 위한 좋은 정책들을 펼친다면 좋은 세상이 될 수 있을까요?

임진왜란과 병자호란 이후 조선의 정치 체제는 크게 왜곡되는 방향으로 변해요. 중종 때 여진족과 왜구의 침략에 대응하고자 만든 임시 기구였던 비변사가 임진왜란을 계기로 강화되면서 군사뿐 아니라 외교, 재정, 인사를 다루는 국정 총괄 기구가 되었거든요. 이에 의정부와 6조의 기능이 약화되고 왕권도 점차 축소되었어요.

선조 대에 사림 세력이 동인과 서인으로 나누어진 이후에는 동인이 우세했어요. 하지만 '정여립 모반 사건'이 계기가 되어, 동인은 서인에 대한 태도를 기준으로 온건파 남인과 강경파 북인으로 나누어졌어요. 정여립은 이이가 죽은 뒤 쫓겨났는데, 그 일파가 역모로 대거 처형당하기도 했어요. 이를 계기로 동인은 몰락하고 서인이 집권하게 되었어요. 임진왜란 직후에는 의병을 이끌었던 북인이 정권을 차지했다가 인조반정을 통해 다시 서인이 정권을 잡았어요. 이후 서인과 남인은 공존하면서 상호 견제를 통한 정치를 해 나갔어요.

그렇지만 현종 대에 예송이 일어나면서 국면이 달라졌어요. 예송은 예절을 다루는 예학에서 무엇이 옳은지에 대해 논하는 것인데, 현종 때 효종과 효종 비의 상을 치르면서 논쟁이 시작되었어요. 자의 대비는 인조의 계비로 현종의 친어머니가 아니었고, 나이가 어려 효종과 효종 비보다 더 오래 살았습니다. 효종의 상 때 자의 대비가 상복을 남인은 3년, 서인은 1년 입어야 한다고 주장했고, 효종 비의 상 때 자의 대비가 상복을 남인은 1년, 서인은 9개월 입어야 한다고 주장했어요. 핵심은 소현 세자가 사망하고 둘째였던 봉림 대군이 왕위에 올랐는데, 효종이 된 봉림 대군을 적장자로 볼 것인가 아닌가의 문제였어요. 2차에 걸쳐 일어난 예송은 처음 서인이 승리하였다가 그다음에는 남인이 승리했어요. 이렇듯 예송은 단순히 예절에 관한 논쟁이 아니라 왕의 정통성을 따지는 심각한 싸움이었던 거예요. 이후 숙종은 신하들의 다툼을 이용해 왕권을 강화하고자 했어요. 왕이 특정 당에게 전권을 위임하는 것을 환국이라고 하는데, 숙종은 남인과 서인에게 번갈아 가며 전권을 위임했답니다. 이 와중에 서인

은 남인에 대한 태도를 두고 강경파 노론과 온건파 서인으로 나뉘었
는데, 최종적으로는 노론이 집권하게 돼요. 계속되는 환국으로 붕당
정치는 변질되어 나중에는 일당 전제화로 가게 되었어요. 공론은 옛
날 말이 되었고, 정권을 잡으면 상대 당을 무차별적으로 공격하고 내
쫓기 일쑤였어요.

이에 영조는 탕평책을 추진하고 편파적으로 변한 붕당 정치를 개
혁하고자 했어요. **탕평비**도 세워 탕평의 정신을 강조했습니다. 붕당

| 탕평비, 한국민족문화대백과사전

의 근거지로 판단되는 서원을 정리하고, 이조 전랑의 권한을 약화했지요. 또 민생을 안정시키기 위한 개혁도 했어요. 중간에 사도 세자의 죽음이라는 큰 희생도 치러야 했지만, 영조의 개혁은 왕권을 강화하고 정치를 안정시키는 데 어느 정도 성공을 거두었어요. 이어 즉위한 정조는 외척 세력을 없애고 다양한 세력을 등용하고자 노력했어요. **초계문신제**를 통해 유능한 관리를 등용하였고, 왕권을 지켜줄 수 있는 군사를 기반으로 한 **장용영**도 설치했어요. 수원에 화성을 설립하여 새로운 미래를 꿈꾸기도 했지요. 영조와 정조는 붕당의 대립을 누르고 왕권을 강화하면서 백성들을 위한 정책들을 추진해 나갔어요.

한편 임진왜란과 병자호란 이후 무너진 농촌 사회를 되살리기 위해 정부는 평범한 농민들의 삶을 안정시키고자 노력했어요. 그 일환으로 개간을 장려하고 수취 체제를 개편했어요. 인조 때에는 전세의 부담을 줄여 주고자 풍흉과 관계없이 토지 1결당 쌀 4두 정도를 거두는 **영정법**을 시행했는데, 의도와는 다르게 농민의 부담은 크게 줄지 않았어요. 수수료나 운송비 같은 추가 비용이 더해져 농민들의 부담은 여전했기 때문이에요. 광해군 때에는 방납의 폐단을 없애기 위해 양반 지주들의 반대에도 불구하고 **대동법**이 시행되었는데, 토지의 부과 기준이 가호(家戶)에서 토지 단위로 바뀌면서 토지 1결당 쌀 12두를 내도록 하였어요. 경기도부터 시행된 이 법은 전국으로 확대되면서 토지가 없는 농민들의 부담을 줄여 주었어요. 양 난 이후, 5군영 체제가 갖추어져 직업 군인이 생기자 정부는 대부분의 농민에게 군역 대신 군포를 내도록 하였어요. 영조는 1년에 군포 2필을 내는 것을 1필로 줄여 주는 **균역법**을 시행하였는데(1750), 부족한 부분은 토지를 가진 지주들에게 1결당 2두씩 내도록 하였어요(**결작**).

이처럼 양 난 이후, 수취 체제는 점차 토지를 기준으로 바뀌어 갔어요. 이는 결국 토지가 없는 가난한 농민들에게는 큰 도움이 되었음을 의미해요. 또 세금의 기준이 하나로 합쳐지는 근대적 수취 체제로 변화하는 과정으로도 볼 수 있어요.

그렇지만 정조 이후 순조가 어린 나이에 왕이 되면서 왕권이 약해지기 시작하였고, 이어 즉위한 철종도 외척 세력에 휘둘려요. 이 시기에는 왕의 외척인 안동 김씨와 풍양 조씨가 정권을 차지하고 권력을 마음대로 휘둘렀어요. 특정 집안이 국가 정치를 좌지우지하는 것을 **세도 정치**라고 부르는데, 세도 정치가 이어지면서 조선은 위기를 맞아요.

세도 가문은 정부의 요직을 독점하고 훈련도감과 같은 군영까지 장악했어요. 비변사를 중심으로 권한을 강화하고 의정부와 6조는 행정 실무만 담당하는 하부 기관의 역할만 하게 되었어요. 심지어 관직을 사고파는 일까지 일어났는데, 돈으로 관직을 산 관리들은 그만큼 혹은 그 이상을 백성들에게 수탈하고자 했기 때문에 백성들의 삶은 몹시 어려워질 수밖에 없었어요.

세도 정치 시기에는 지배층의 수탈이 심해져 **삼정**이 문란해졌어요. 삼정은 **전정, 군정, 환곡**을 이야기해요. 전정은 전세를 말하는데, 관리들은 부가세를 더해 거두어야 할 양보다 한참 많은 양을 백성들에게 부과했어요. 더군다나 지주가 내야 할 전세를 소작농에게 떠넘겼기 때문에 가난한 소작농들의 생활은 점점 어려워졌어요. 군정은 군역의 의무로 내야 하는 군포를 말해요. 관리들은 16세부터 60세까지 군역의 의무가 있는 사람에게만 군포를 부과하는 것이 아니라 갓 태어난 아이나 죽은 사람에게까지 군포를 징수했어요. 심지어 군포를 내지 못해 도망가면 그 이웃이나 친척들에게 군포를 대신 내도록 강요했어요. 그런데 가장 큰 부담은 정작 세금도 아니었던 환곡이었어요. 환곡은 춘궁기에 곡식을 빌려주었다가 추수기에 갚도록 하는 복지 제도 같은 것이에요. 그런데 관리들은 서류를 조작해 백성들이 빌리지도 않은 환곡을 갚도록 종용하거나, 약속했던 이자보다 더 많은 이자를 내라고 강요해 백성들을 도탄에 빠지게 했어요.

이렇게 지배층의 수탈이 극에 달하고 흉년과 전염병까지 겹치자 백성들은 더 이상 가만히 있을 수 없었어요. 평안도에 대한 지역 차별과 지배층의 수탈에 항거해 일어난 홍경래의 난(1811)에서 홍경래군은 청천강 이북 지역을 거의 다 점령했는데, 이는 수많은 백성이 여기에 동조했기 때문이었어요. 홍경래의 난은 관군의 진압으로 5개

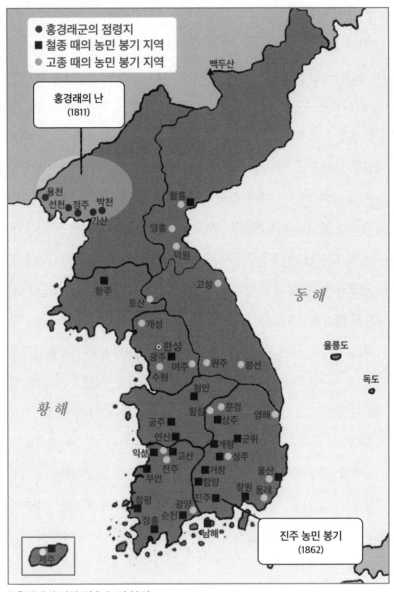

● 홍경래군의 점령지
■ 철종 때의 농민 봉기 지역
● 고종 때의 농민 봉기 지역

백두산

홍경래의 난
(1811)

용천
선천 정주 박천
가산

함흥

영흥

덕원

황주

고성

토산

동 해

개성

한성
광주 여주 원주 정선
수원

울릉도

청안

독도

문경
함창 상주 영해
공주
연산 개령 군위
익산 고산 성주
전주 거창 울산
부안 함양 창원 동래
진주
함평 광양
장흥 순천
남해

황 해

진주 농민 봉기
(1862)

제주

| 홍경래의 난과 임술 농민 봉기

월 만에 진압되었지만 이후 홍경래가 살아 있다는 풍문은 계속 떠돌았고, 백성들은 그 힘을 빌려 난을 일으키고자 하는 마음을 계속 품고 있었어요. 1862년 진주에서는 탐관오리의 수탈에 저항하는 농민 봉기가 일어났는데, 이는 삼남 지방으로 퍼졌고 홍경래가 살아 돌아왔다는 소문까지 등장했답니다. 급기야 농민 반란은 전국으로 확대되는데 이를 **임술 농민 봉기**라고 불러요(1862).

정부는 이어지는 농민 봉기의 원인을 알고 있었어요. 삼정의 문란을 고치려 **삼정이정청**을 설치하고 백성들의 삶을 돌보고자 했어요. 하지만 세도 정치가 끝나지 않는 한, 근본적인 문제를 해결할 수 없었고 백성들의 삶도 나아지지 않았어요.

자, 여러분도 깨달았나요? 왕이 존재하는 국가에서 왕 대신 다른 사람들의 힘이 세진다면 왕 이외에도 세금을 바치고 복종해야 할 존재들이 생겨나기 때문에 백성들의 삶이 어려워질 수밖에 없어요. 조선의 백성들은 난을 일으키면서 자신들의 억울함을 왕이 들어 주고 이를 고쳐 주기를 바라거나, 혹은 자신들의 사정을 잘 알아주는 새로운 왕이 즉위하기를 바랐어요. 자신들을 지켜 주고 돌보아 주는 왕을 바랐던 거예요.

한 걸음 더 들어가 보아요!

예송의 시작과 결과

예송의 전개 과정이 복잡하게 느껴졌나요? 다음 표로 간단히 살펴볼까요?

	1차 예송	2차 예송
원인	효종 사망	효종 비 사망
논쟁점	효종의 새어머니 자의 대비가 상복을 몇 년 입어야 하나? 서인 : 1년 남인 : 3년	효종의 새어머니 자의 대비가 상복을 몇 년 입어야 하나? 서인 : 9개월 남인 : 1년
결과	서인의 견해 채택	남인의 견해 채택
의미	효종의 정통성 부정	효종의 정통성 인정

조선 후기 삼정의 문란

조선 후기 세도 정치기에는 나라가 위태로워질 만큼 조세 제도가 무너지기 시작했어요. '삼정의 문란' 상황을 표를 통해 한번 살펴볼까요?

전정의 문란	전세의 경우 각종 명목의 부가세를 추가로 징수했어요. 운반비를 비롯하여 자연 소실비까지 내야 해 원래 내는 세금보다 추가되는 세금의 양이 더 많아지는 것이 일상이었어요.
군정의 문란	군포는 양인 남자에게만 부과해야 하지만 어린아이나 죽은 사람에게까지 부과했어요. 어린아이에게 부과하는 것을 '황구첨정', 죽은 사람에게 징수하는 것을 '백골징수'라고 하였어요.
환곡의 문란	환곡은 원래 빈민을 구제하기 위한 제도였지만 이자가 관청의 경비로 사용되면서 세금처럼 변질되어 그 폐단이 가장 심각했어요. 백성들은 빌리지도 않은 곡식을 갚아야만 했기에 원성이 컸어요.

흥선 대원군의 외교 정책은 실패한 것이었나요?

흥선 대원군의 외교 정책

고등학교 1학년 윤교는 사람들이 흥선 대원군 때문에 우리나라가 식민지가 되었다고 생각하는 것 같대요. 서양 세력이 처음 침략해 들어왔을 때 대응을 잘했다면 식민지가 되지 않았을 수도 있었다고 여긴대요. 윤교는 의문이에요. 힘이 약한 우리가 강력한 군사력을 가지고 침략한 이들을 어떻게 막을 수 있었을까요? 침략을 목적으로 온 이들과 전면전을 할 수 없는 상황이었고, 그들을 잘 달래서 보내려면 우리가 내어주는 것이 있어야 했을 거예요. 여러분은 어떻게 생각하나요? 문을 걸어 잠그고 10년을 버틴 흥선 대원군의 외교가 잘못된 것이라고 생각하나요?

군사력으로 약소국을 식민지화하는 대외 팽창 정책을 **제국주의**라고 불러요. 제국주의는 자국의 이익을 위해 약소국을 착취하려는 이기적인 성격을 띠었지만, 서구 열강은 이를 인종주의와 사회 진화론으로 정당화하면서 식민지를 넓혀 갔어요. 심지어 그들은 식민지가 된 나라들을 '문명화'시켜 주는 무거운 짐을 자신들이 지는 것이라고

| 흥선 대원군 사진, 서울 역사 아카이브

까지 말했답니다.

아편 전쟁을 벌인 영국은 중국을 개항시키고 홍콩을 할양받고 상하이를 비롯한 5개의 항구를 열어 무역을 시작했어요. 미국의 페리 제독은 일본을 개항시키고 **미일 화친 조약**과 미일 수호 통상 조약을 체결했어요. 동아시아의 국가들은 서양 제국주의 침략에 따라 연이어 개항하면서 큰 위기를 맞았어요.

조선은 세도 정치로 국내 상황이 어려운 가운데 서양 세력의 침략도 맞이하게 되었어요. 철종이 죽자 어린 고종이 즉위했는데, 나이 어린 왕 대신 그의 아버지인 **흥선 대원군**이 정치 권력을 잡았어요. 흥선 대원군은 정치를 개혁하여 왕권을 강화하려는 의지가 강했어요.

먼저 세도 정치를 주도했던 안동 김씨를 몰아내고 여러 가문의 인재를 등용했어요. 비변사를 약화하고 의정부를 부활시켜 정치 제도를 원상태로 되돌리고자 했어요. 『대전회통』, 『육전조례』 등 법전을 편찬한 것 역시 통치 규범을 제대로 잡기 위해서였어요. 또 백성들의 삶을 안정시키고자 먼저 삼정의 문란을 개혁하고자 했어요. 양전 사업을 통해 토지의 면적과 소유자를 명백히 밝혀 전세를 제대로 부과하였고, 양반에게도 군포를 징수하는 호포제를 시행했어요. 환곡의 폐단을 막기 위해 향촌에서 덕망 있는 사람이 곡식을 빌려주는 일을 대신 맡도록 하는 **사창제**도 시행했어요. 또 서원이 백성을 수탈하는 문제를 해결하고자 대대적으로 서원을 정리하여 문을 닫도록 만들었어요. 조선의 양반들, 서원에서 공부하는 유생들의 엄청난 반대에도 불구하고 전국의 600개나 넘는 서원이 철폐되었다니 홍선 대원군의 의지가 정말 강했다는 것을 느낄 수 있어요. 홍선 대원군이 시행한 개혁들이 백성들에게 열렬한 환영을 받았음은 미루어 짐작할 수 있겠지요? 그런데 다른 곳에서 홍선 대원군의 큰 실수가 시작돼요. 바로 경복궁을 중건하려고 했던 거예요. 홍선 대원군은 왕실의 권위를 되살린다는 명분으로 경복궁 수리를 시작했는데, 백성들이 그 비용과 노동력을 제공해야 했기에 큰 비판을 받았답니다. 백성들은 경복궁 중건에 강제로 동원되어 일했고, 원납전 징수와 당백전 발행으로 중건 비용을 충당하려다 보니 물가가 폭등하며 경제적 혼란이 일어났어요. 그 피해는 고스란히 조선의 백성들이 떠안았고요. 양반들도 양반의 묘지림에서 나무를 베어 사용하고, 기부금까지 징수당하다 보니 불만이 커졌어요.

　이러한 와중에 조선에는 **이양선**이 자주 출몰했어요. 어느 날, 미국의 제너럴 셔먼호가 대동강을 거슬러 평양까지 올라와서 조선에 통상을 요구했어요. 조선의 관리들은 그들이 요구하는 물과 식량을

| 이양선

제공하는 등 우호적으로 대응하면서 물러날 것을 요구하였으나 그
들은 말을 듣지 않았어요. 결국 대동강의 물이 빠져 배가 움직이지
못하게 되자 제너럴 셔먼호에서 내린 미국인들은 주변 마을의 민간
인을 죽이고 수탈하는 만행을 저질렀어요. 분노한 평안 감사 박규수
는 제너럴 셔먼호를 불태워 버렸어요(1866). 미국은 이를 구실로 조선
을 침략했어요(1871, **신미양요**). 어재연 장군이 이끄는 조선의 군인들
이 목숨을 바쳐 광성보에서 항전했지만, 미군에게 크게 패하였어요.
조선 정부는 이러한 상황 속에서도 개항에 대한 요구를 거부하였고,
미군은 20여 일 만에 조선에서 물러났어요.

  사실 외세에 대한 흥선 대원군의 강경한 태도는 사실 1868년에 일

어난 오페르트 도굴 사건이 큰 영향을 끼친 것으로 보여요. 미국이 독일 상인 오페르트를 앞세워 통상을 요구했는데, 흥선 대원군이 이를 거절하자 오페르트는 대원군의 아버지인 남연군 묘를 파헤치려고 했어요. 묘에서 남연군의 유골을 꺼내 흥선 대

| 어재연 장군기, 강화 역사 박물관

원군과 협상하고자 했던 거예요. 다행히 예산 지역 백성들의 저항으로 오페르트의 시도는 무산되었지만, 이 사건 이후로 조선 사람들이 가진 서양 사람들에 대한 반감은 커질 수밖에 없었어요.

| 빼앗긴 어재연 장군기

| 남연군묘 현재 모습

    한편 러시아는 연해주를 차지하며 조선과 국경을 마주하였는데, 러시아의 의도는 명확했어요. 한반도를 차지하여 겨울에도 얼지 않는 부동항을 얻고자 하는 것이었어요. 흥선 대원군은 러시아의 남하 정책을 막기 위해 프랑스를 이용하고자 했지만, 의도대로 되지 않았어요. 그 와중에 조선의 양반들은 서학으로 들어온 천주교가 평등 정신을 퍼트려 조선을 망치고 있다며 금지해야 한다고 정부에 요구했고, 청도 천주교를 박해한다는 소식을 듣게 되었어요. 이에 흥선 대원군은 1866년부터 9명의 프랑스 선교사와 수천 명의 천주교도를 처형했어요(병인박해). 처형 장소였던 곳은 누에고치의 머리같이 생겼

다고 해서 잠두봉이라고 불렀어요. 이곳에서 수천 명의 천주교도의 머리가 잘렸고, 현재는 절두산 순교 성지가 되었어요. 당시 너무 많은 사람이 죽은 상태로 한강에 버려지면서 한강의 물이 핏빛으로 변하였다는 이야기가 전해지고 있어요.

| 절두산 순교 성지, 근현대사 아카이브

그런데 이때 중국으로 탈출한 프랑스 선교사가 이 소식을 프랑스에 전하자 프랑스의 로즈 제독이 군함을 이끌고 강화도로 쳐들어왔어요(**병인양요**). 양헌수는 강화의 정족산성에서 항전하였는데, 조선의 저항으로 전세가 불리해진 프랑스군이 물러나면서 전쟁은 우리의 승리로 끝났어요. 하지만 프랑스 군대가 외규장각의 의궤와 같은 보물을 약탈해 조선은 큰 피해를 보았어요.

두 차례의 양요를 겪은 흥선 대원군은 외교 정책의 노선을 확실히 정했어요. 흥선 대원군은 종로와 전국 각지에 **척화비**를 세웠는데 내용은 '서양과는 절대 통상할 수 없다(洋夷侵犯 非戰卽和 主和賣國, 서양 오랑캐가 침략해 오는데 싸우지 않고 화친하는 것은 나라를 파는 일과 다를 바

| 척화비, 근현대사 아카이브

없다).'라는 것이었답니다. 홍선 대원군의 대외 정책은 외세의 침략을 일시적으로 막는 데 성공했어요.

홍선 대원군의 외교 정책은 조선의 근대화를 늦추었다는 비판을 받고 있어요. 하지만 홍선 대원군을 물러나게 하고 일본에 개항하면서 통상 정책을 추진한 고종이 조선을 근대화의 길로 이끌었다고 할 수 있을까요? 강력한 군사력을 가지고 조선을 식민지화하려는 세력을 어떻게든 막고자 했던 홍선 대원군의 노력을 '근대화'라는 제국주의적 논리만으로 비판하는 것은 문제가 있다는 생각이 들어요. 우리 스스로 나라를 지키고 개혁해 나가려는 태도를 비하할 필요는 없을 것 같아요.

부연하자면 제국주의의 본질은 열강의 약소국을 식민지화해 착취하는 데 있어요. 도둑이 와서 문을 열어 달라고 두드리는데 바로 열어 주는 것이 과연 현명한 일이었을까 싶어요. 또 하나, 결국 조선이 정치를 잘못해서 또는 힘이 약해서 식민지 침탈의 대상이 된 것 아니냐는 논리는 결국 도둑보다 도둑이 든 집의 사람들이 못나서라는 이야기와 무엇이 다른가요? 이는 제국주의의 식민지화가 문명화와 같다는 이야기와 통해요. 결국, 제국주의를 정당화하는 것이고요. 우리가 최선을 다해 외세에 저항하면서 나라를 지키려 했다는 사실을 잊으면 안 되겠어요.

경복궁 타령

경복궁 타령 중 일부를 읽어 보고 어떤 문제를 이야기하고 있는지 생각해 볼까요?

> 우광쿵쾅 소리가 웬 소리냐 경복궁 짓는 데 회(灰)방아 찧는 소리다
> 조선 여덟도(八道) 유명한 돌은 경복궁 짓는 데 주춧돌감이로다
> 우리나라 좋은 나무는 경복궁 중건에 다 들어간다
> 근정전(勤政殿)을 드높게 짓고 만조백관(滿朝百官)이 조화를 드리네

외규장각 의궤

프랑스가 가져갔던 의궤에 대한 설명을 더 읽어 보고, 우리의 문화재를 다시 찾을 수 있는 방법은 무엇이 있을지 생각해 볼까요?

> 병인양요(1866년) 때 강화도에 상륙한 프랑스 군대는 외규장각 전각에 불을 질렀어요. 이때 5000여 권 이상의 책이 함께 불타 없어졌는데, 프랑스군은 의궤(儀軌)를 비롯해 340여 권의 도서를 프랑스로 약탈해 갔어요. 의궤는 2011년 장기 대여 방식으로 우리나라로 다시 돌아왔어요. 돌아오기는 했지만 5년마다 갱신해야 하는 대여 방식으로 돌아왔다는 점에서 진짜 고국으로 돌아온 것이라고 볼 수는 없어요. 조선 왕조 의궤는 조선 왕실에서 주요 행사와 관련된 모든 기록을 총망라한 '백서' 같은 책으로 조선 시대의 통치 철학 및 구체적 운영을 직접적으로 보여 주는 중요한 기록물이에요. 2007년 유네스코 세계 기록 유산으로 지정되기도 했어요. 하지만 우리나라에게 소유권이 없기 때문에 우리의 문화재로 등록할 수는 없어요.

우리는 나라를 어떻게 지키려 했을까요?

개항기, 나라를 지키기 위한 노력

중학교 2학년 현교는 개항기의 혼란한 시대 상황 속에서 조선을 구하려고 한 노력들이 대부분 성공하지 못해 의미가 없다고 여겨지는 것이 좀 속상하대요. 서양 세력과 일본의 침략에 저항해 수많은 노력이 있었는데 사람들이 너무 모른다는 거예요. 다양한 사람들의 다양한 노력을 한번 살펴볼까요?

조선은 드디어 개항을 선택하게 되었어요. 그나마 서양은 아니라는 이유로 일본과 첫 번째로 통상 조약을 체결했답니다. 1876년 체결한 **강화도 조약**은 조선이 외국과 맺은 최초의 근대적 조약이자 불평등 조약으로 일본에게만 유리한 것이었어요.

이후 일본의 경제적 침략이 본격적으로 시작되었어요. 개항 후 수신사로 일본에 갔던 김홍집은 조선으로 돌아오면서 『조선책략』을 가지고 왔어요. 이 책에는 러시아의 남하를 막기 위해서는 미국과 일본과 연합해야 한다는 내용이 담겨 있었어요. 이로 인해 러시아를 경계하고 있던 조선에서 미국과 조약을 체결하는 방향으로 여론이 만들어질 수밖에 없었어요. 1882년 조선은 미국과 **조미 수호 통상 조약**을 체결하였어요. 러시아의 압박을 함께 견제할 수 있는 조항도 들어 있었지만, 영사 재판권, 최혜국 대우 같은 불리한 조항들이 들어 있는 불평등 조약이었어요.

위정척사 운동

19세기 서양 열강의 침략에 대해 반발하던 양반 유생들은 위정척사 운동을 펼쳤어요. '바른 것을 지키고 사악한 것을 배척한다.'라는 뜻의 위정척사 운동은 성리학적 사회 질서를 지키고자 하는 조선 양반들의 의지를 드러낸 것이었어요. 이들은 병인양요나 신미양요를 통해 서양 오랑캐와 싸우는 관군과 백성들에 대한 지지를 보내고 흥선 대원군과 그 뜻을 같이했어요. 하지만, 흥선 대원군의 서원 철폐 정책에 대해서는 극렬히 반대했어요. 그건 이미 앞에서 언급했으니 알고 있겠지요? 조선의 양반들은 흥선 대원군의 국내 개혁 정책에는 반대했지만, 대외 정책에는 뜻을 같이했다고 생각해 두면 좋을 것 같아요.

조선이 일본과 강화도 조약을 체결하려고 할 때, **최익현**을 비롯한 유생들은 '일본은 서양 오랑캐와 다를 바 없다.'라고 하며 통상에 대해 반대했어요. 조선의 양반들은 제국주의 침략 세력이 망치려는 것이 무엇인지 정확히 알고 있었던 것 같아요.

"적들이 노리는 것은 물화를 교역하는 데 있습니다. 저들의 물화는 모두 지나치게 사치하고 기이한 노리개입니다. 공산품이어서 양도 무궁합니다. 우리 물화는 모두가 백성들의 생명이 달린 것이고 땅에서 나는 것으로 한정이 있는 것입니다. 피와 살처럼 목숨

| 최익현

이 달린 유한한 물화를 가지고 사치하고 기이하며 심성을 좀먹고 풍속을 무너뜨리는 물화와 교역한다면, 그 양은 틀림없이 1년에도 수만에 달할 것입니다. 그렇게 되면 몇 년 안 지나 땅과 집이 모두 황폐하여 다시 보존하지 못하게 될 것이고 나라도 망하고 말 것입니다. *(중략)* 저들이 비록 왜인이라고 하나 실은 서양 도적과 다르지 않습니다."

- 최익현의 상소문, 『면암집』

최익현의 상소문은 정말 놀라워요. 그는 산업 중심 국가와 농업 중심 국가의 개념을 정확히 알고 있었어요. 또 농업 중심 국가가 산업 중심 국가와 교역하면 결국 경제가 종속되어 농업 중심 국가는 망하게 될 것이라는 통상 반대의 이유를 사실에 근거해 정확히 말하고 있어요. 조선의 성리학자들은 '공자가 말하기를 맹자가 말하기를'만 하고 있었던 것이 아니에요. 특히 최익현은 당시 조선의 가장 위

대한 사상가로서 수많은 양반과 백성들에게 학문적으로나 인품적으로나 존경받던 인물이었어요. 성리학자들은 양반 질서 속에서 조선을 지키고자 했기에 한계는 있었지만, 시대를 잘못 읽고 있었던 어리석은 사람들은 절대 아니었답니다.

1880년대 초 『조선책략』이 널리 퍼지자 영남 지방의 유생들은 만인소를 올려요. 만인소는 1만 명 이상의 선비들이 함께 서명하여 왕에게 올리는 상소를 뜻해요. 유생들은 서양 열강과 수교를 하는 것에 힘을 합쳐 반대했던 거예요. 하지만 정부는 상소를 올린 유생들을 유배 보내고 결국 미국과 수교했어요(조미 수호 통상 조약, 1882). 위정척사 운동을 벌였던 조선의 선비들은 일본과 서양의 제국주의 침략에 대해 굳건히 저항하고자 했어요. 이들의 운동이 항일 의병 운동으로 계승되었던 것은 어쩌면 당연한 일이었어요.

임오군란

정부의 개화 정책에 대한 반대는 양반들뿐 아니라 하층민들 사이에서도 나타났어요. 개항 이후 쌀, 콩 등과 같은 곡물이 일본으로 유출되면서 국내 곡물 가격이 올라 하루 벌어 하루 먹고사는 하층민들에게 부담이 가중되었어요. 개항이 가난한 조선 백성들의 삶을 더욱 어렵게 만들었던 거예요. 구식 군인들도 개항 이후 큰 문제를 겪어요. 신식 군대인 별기군이 설치된 이후 구식 군인들은 1년 넘게 봉급을 받지 못하고 있었던 거예요. 드디어 받은 쌀에 겨와 모래가 섞여 있는 것을 본 군인들은 그동안의 차별 대우와 함께 불만이 폭발할 수밖에 없었어요(1882, 임오군란). 가난한 백성들까지 힘을 합한 구식 군인 세력은 별기군 교관인 일본인을 살해하고 일본 공사관도 습격했어요. 심지어 고종의 개항 정책의 배경으로 여겨진 민씨 세력의 수장인 왕비를 잡기 위해 경복궁으로 쳐들어가 고위 관료까지 살해했어요. 왕비는 간신히 궁에서 도망쳐 청에 도움을 청했어요. 고종은 이 상황을 해결하기 위해 다시 흥선 대원군을 불러들였어요. 흥선 대원군은 개화 정책을 추진하던 통리기무아문을 폐지하고 별기군을 없앴어요. 하지만 청은 군대를 파견하여 군란을 진압하고 흥선 대원군을 청으로 데리고 갔어요. 왕비와 민씨 세력은 다시 정권을 잡았지만, 이제 청의 내정 간섭이 시작되었습니다. 또 일본과는 **제물포 조약**을 체결하여 사과 사절단 파견, 배상금 지급, 일본군의 공사관 주둔을 인정해 주게 되었어요.

일본의 경제 침략으로 어려워진 조선의 경제 상황 때문에 일어난 백성들의 저항은 또 다른 외세를 끌어들이는 결과를 가져왔어요. 국내의 문제를 해결하기 위해서 다른 나라의 힘을 빌리는 것은 근본적인 해결책이 될 수 없지요. 하지만 열강의 침략으로 다급해진 상황속에서 이러한 일이 계속 반복되며 결국, 조선은 더욱더 어려운 처지에 놓이게 되었어요.

갑신정변

청의 내정 간섭이 시작된 이후 민씨 정권의 개화 세력은 둘로 나누어졌어요. 김홍집, 김윤식, 어윤중 등과 같은 온건 개화파는 청의 양무 운동처럼 점진적인 개혁을 추진했어요. 이들은 청과의 전통적인 관계를 유지하는 선에서 조선을 개혁하고자 했어요. 그러나 김옥균, 박영효, 홍영식, 서광범 등과 같은 급진 개화파는 일본의 메이지 유신처럼 급진적인 개혁을 이루고자 했어요. 이들은 청과의 사대 관계를 끝내고 조선의 전면적인 개혁을 추진해야 한다고 생각했습니다.

1884년 프랑스가 베트남을 식민지화하려고 하자, 청이 조선에 주둔하고 있던 군대를 베트남으로 이동시켰어요. 급진 개화파는 이때를 기회 삼아 일본의 지원을 약속받고 정변을 일으켰어요. 김옥균 등은 우정총국 개국 축하연에 모인 고위 관료들을 살해하고 왕을 유폐시키면서 갑신정변을 일으켰어요. 그러나 3일 만에 출병한 청군에 의

| 김옥균

| 박영효

| 서재필

해 의도한 바를 이루지 못하고 실패하고 말았어요. 도움을 주겠다고 약속했던 일본군은 약속을 지키지 않았어요. 김옥균, 박영효, 서광범, 서재필 등은 일본으로 도망쳤어요. 결국 며칠 만에 끝나 버린 변란이었지만, 그들이 만들고자 하는 세상은 백성들을 위한 새로운 세상이었어요. 갑신정변을 일으킨 급진 개화파들은 청에 대한 조공을 폐지하고 탐관오리를 처벌함과 동시에 토지에 부과하는 세금을 생산량이 아니라 토지의 가격에 따라 부과하는 새로운 조세 제도를 만들려고 했어요. 또 입헌 군주제를 실현하고 봉건적 신분 제도도 폐지하여 평등 사회를 이룩하려고 했어요. 이처럼 백성에게 꼭 필요한 개혁이었지만, 대중적 지지 없이 소수의 지배층이 외세의 힘을 빌려 급진적으로 추진하였기에 성공하기 어려웠답니다. 갑신정변이 실패한 이후 일본과는 일본 공사관 신축 비용 부담, 배상금 지급을 약속하는 **한성 조약**을 체결했어요. 또 청과 일본은 **톈진 조약**을 체결하여 조선에서 공동 철병하지만, 출병할 때는 서로 통보할 것을 약속했어요. 이 조약은 이후 동학 농민 운동이 일어났을 때 일본 침략의 결정적인 역할을 하게 됩니다.

동학 농민 운동 I

개항 이후 추진된 정책들은 큰 비용이 들었고, 정부는 백성들에게 많은 세금을 거둘 수밖에 없었어요. 여기에 탐관오리의 수탈과 일본

| 전봉준

의 경제 수탈이 더해져 백성들의 삶은 더욱 어려워졌습니다. 1892년 고부 군수 조병갑은 조선 후기 탐관오리계의 전설이라고 할 수 있어요. 농민들을 강제로 동원해 저수지와 비슷한 보(만석보)를 쌓게 하고, 모은 물을 농사에 사용할 때에는 세금을 내도록 했어요. 뿐만 아니라 부모에게 불효한 죄, 가정이 화목하지 못한 죄 등 말도 안 되는 이유를 들어 백성들의 재물을 빼앗았어요. 전봉준은 농민들과 함께 이에 항의하였으나 받아들여지지 않았고, 결국 무력을 동원하여 고부 관아를 습격했어요. 이들은 수탈에 앞장선 자들을 처벌하고 만석보를 허물어 버렸어요. 이후 새로 내려온 군수는 농민들을 위한 정치를 하겠다고 약속했고, 농민들은 자발적으로 해산했어요. 그런데 난을 수습하기 위해 내려온 안핵사 이용태는 정부가 금지한 동학교도라며 농민들을 잡아들이기 시작했어요.

동학은 최제우가 창시한 종교로 충청도와 전라도를 중심으로 교세가 퍼졌는데, 정부는 동학을 사교라 규정했어요. 동학교도들은 처음에는 억울하게 처형된 최제우의 죄를 벗게 해 달라고 호소하는 종교 운동으로 모였지만, 외세와 탐관오리에게 시달리던 가난한 농민들이 모이다 보니 점차 사회 운동으로 변모했어요. 그런데 자신들을 갑자기 동학교도로 처벌하고자 하는 정부의 태도에 농민들은 결국 폭발할 수밖에 없었어요.

전봉준은 농민들을 모으고 동학교도를 이끌던 김개남, 손화중 등과 함께 고부의 백산에서 농민군을 만들었어요. 농민군은 '나라를 돕고 백성을 편하게 한다(보국안민, 輔國安民).', '폭정을 없애고 백성을 구한다(제폭구민, 除暴救民).'를 구호로 황토현에서 관군을 격파하고 전주성을 점령했어요. 전주성은 이씨 왕조의 본가가 있는 곳으로 조선 정부는 다급해졌어요. 그래서 농민의 요구를 들어주기보다 얼른 난을 진압하고자 청에 군대를 요청했어요. 일본 역시 톈진 조약을 구실로 조선에 군대를 보냈어요. 청나라와 일본의 군대가 들어온다니 농민군은 당황할 수밖에 없었어요. 결국 농민군은 정부와 협상을 통해 농민군의 안전을 보장하고, 탐관오리를 처벌하며, 조세 제도도 개혁한다는 **전주 화약**을 체결했어요. 그리고 각지에 집강소를 설치하고 **폐정 개혁안**을 실천해 나갔어요.

혼란한 조선 사회에서 농민들은 제대로 살아가기 위해 국가에 큰 제안을 했어요. 정부가 이를 잘 받아들이고 약속을 실천해 나갔으면 좋았겠지만, 이는 지켜지지 못했어요. 조선을 삼키겠다는 일본의 야욕이 노골적으로 드러나면서 큰 위기에 처했기 때문이에요.

농민군의 폐정 개혁안

아래의 폐정 개혁안을 보고 백성들이 원하는 나라의 모습에 대해 알아볼까요? 반외세적이고 반봉건적인 성격을 가진다고 할 수 있는데, 특히 신분제가 없는 평등 사회를 지향하면서 남녀 평등까지 이야기하고 있다는 점은 매우 놀라운 부분이에요.

---

1. 동학교도와 정부는 원한을 씻고 모든 행정에 협력한다.
2. 탐관오리는 그 죄상을 상세히 조사하여 벌한다.
3. 횡포한 부호를 엄벌에 처한다.
4. 불량한 유생과 양반을 벌준다.
5. 노비 문서는 불태워 버린다.
6. 천인의 대우를 개선하고 백정이 쓰는 패랭이를 없앤다.
7. 젊은 과부의 재혼을 허가한다.
8. 규정에 없는 각종 잡다한 세금은 일체 폐지한다.
9. 관리의 채용은 문벌을 타파하여 인재를 중심으로 등용한다.
10. 일본과 통하는 자는 엄벌에 처한다.
11. 나라에 진 것이든 개인에게 진 것이든 모든 빚은 면제한다.
12. 토지는 균등하게 나누어 경작케 한다.

– 오지영, 『동학사』

동학 농민 운동 II

동학 농민 운동을 진압하기 위해 청나라에 군대를 요청했던 일은 일본군까지 조선으로 들어오도록 만들었어요. 동학 농민 운동은 저절로 해결될 일이었으나, 조선으로 들어온 외세는 그렇게 쉽게 물러나지 않았어요. 일본군은 경복궁을 점령하고 조선의 왕을 인질로 삼았어요. 그리고 청과 전쟁을 시작했어요(1894, **청일 전쟁**).

이에 동학 농민군은 왕을 구하기 위해 나섰어요. 새로운 나라를 꿈꾸었지만, 먼저 조선과 왕을 구하기 위해 농민들이 일어선 거예요. 전봉준과 손병희가 이끄는 군대가 논산에서 모여 공주로 진격했어요. 농민군은 공주 우금치에서 관군과 일본군 연합 부대와 전투를 벌였는데, 일본의 우세한 무기와 전력 앞에 무너지고 말았어요. 결국, 농민군의 지도자들이 체포되면서 동학 농민 운동은 실패로 돌아가고 말았어요.

동학 농민 운동은 실패했지만, 농민군의 개혁 요구는 갑오개혁에 반영되었고, 을미의병으로 이어져 항일 의병 운동의 토대가 되었어요. 하지만 가장 중요한 점은 한 나라의 기반이 되는 가장 평범한 백성들이 나라를 지키려고 들고 일어섰다는 거예요. 심지어 자신들을 그렇게 살기 어렵게 만든 나라이고 정부인데 말이에요. 많이 공부한 이가 없어서 구체적으로 어떻게 새로운 나라를 만들지를 자세히 제시하지 못했다 하더라도 나라를 사랑했던 그들의 순수한 마음을 부정할 순 없겠지요. 외세에 의해 그들의 소망이 좌절되었다는 것이 안타까울 뿐이에요.

갑오개혁

동학 농민 운동을 겪은 조선의 정부는 스스로 개혁을 추진하고자 했어요. 그러나 일련의 개혁은 외세의 개입, 특히 일본의 의도대로 진행될 수밖에 없었어요.

청일 전쟁이 시작되었을 무렵, 조선 정부는 군국기무처를 설치하고 개혁을 시작했어요(1894, **갑오개혁**). 왕실과 정부의 일이 분리되었고, 신분 제도가 폐지되었어요. 도량형이 통일되었고, 조세의 금납화도 실시되었어요. 연좌제가 폐지되었으며, 조혼은 금지되고 과부의 재가도 허용되었어요.

| 일본 사신을 맞이하는 고종과 명성 황후

그런데 청일 전쟁에서 일본의 승리가 거의 확실시되자 일본의 내정 간섭이 시작되었어요. 군국기무처가 폐지되었고 김홍집, 박영효가 주도하는 내각을 중심으로 개혁이 추진되었어요. 발표된 홍범 14조가 제2차 갑오개혁의 기본이 되었어요. 의정부를 내각으로 고치고 근대적 사법 제도를 도입하고자 했어요. 육의전을 폐지하고 상공업을 활성화하려 하였고, 교육 입국 조서를 반포해 근대적 교육 제도를 마련했어요. 모두 근대 국가로 가는 개혁처럼 보이지만 식민지화를 준비하는 일본의 의도가 어느 정도 담긴 것으로 보여요.

청일 전쟁이 일본의 승리로 끝나자 상황은 아주 복잡하게 돌아가게 돼요. 러시아는 프랑스, 독일과 힘을 합쳐 시모노세키 조약을 통해 일본이 획득한 랴오둥반도를 청나라에 다시 돌려주도록 만들었어요(**삼국 간섭**). 조선은 러시아의 힘을 빌려 일본을 몰아낼 수 있을 것으로 생각하고 러시아에 접근했어요. 이에 일본은 친러 정책을 추진하는 조선 정부의 정책을 중단시키기 위해 경복궁에 불법적으로 침입해 명성 황후를 시해했어요(1895, **을미사변**).

역사상 유례없는 황후 살해라는 충격이 가시기도 전에 일본은 김홍집을 내세워 친일 내각을 새로 수립하고, 개혁을 했어요. 그리고 조선에서 가장 받아들이기 어려웠던 '단발령'을 시행했어요. 조선 사람들은『효경』에 나오는 **신체발부 수지부모 불감훼상 효지시야**(身體髮膚 受之父母 不感毀傷 孝之始也)'라는 구절을 소중히 여겼어요. 따라

| 단발한 고종의 모습

서 부모님께 물려받은 것은 머리카락 하나도 손상시키지 않는 것을 효도라고 생각했어요. 그런데 하루아침에 머리카락을 잘라야 한다니 대부분 받아들이지 못했어요. 단발령은 을미사변과 함께 의병이 일어나는 원인이 될 수밖에 없었어요(**을미의병**). 고종은 하루아침에 자신의 왕비를 잃고 머리카락까지 잘라야만 했어요. 그 고통과 슬픔이 얼마나 컸을까요? 의병 진압을 위해 일본군이 이동한 틈을 타 고종은 러시아 공사관으로 피신했어요(1896, **아관 파천**).

독립 협회

갑신정변 직후 일본으로 갔던 서재필은 미국으로 망명하였다가 갑오개혁 때 조선으로 돌아왔어요. 아관 파천 이후 서재필은 한글·영자 신문인 『독립신문』을 창간했어요(1896). 개혁 관료들과 힘을 합쳐 독립 협회도 만들었어요. 독립 협회는 국민의 성금을 모아 독립문을 건설했는데, 조선에 오는 청 관료들을 맞이하기 위해 세워져 있던 영은문 자리에 독립문을 세웠어요. 이로써 조선이 청나라로부터 독립국임을 명백히 밝혔어요. 독립 협회는 학생, 상인, 농민, 노동자 등 광범위한 계층이 참여하는 단체로 거듭났고, 토론회와 강연회를 통해 민권·자주 의식을 키워 나갔어요. 독립 협회의 만민 공동회는 근대적 민중 집회로 발

| 독립신문, 대한민국 역사 박물관

전했어요. 이렇게 다양한 성과를 거두면서 독립 협회는 민중의 대표 기관으로 성장하게 되었어요.

러시아의 조선 침탈이 노골화되자 독립 협회는 이를 막기 위해 여론을 조성해 고종을 경운궁으로 환궁하도록 하였어요. 또 러시아가 세우려던 한·러 은행을 폐쇄토록 만들었어요.

이제 정부 대신들까지도 독립 협회에 참여하게 되어, 관민 공동회를 개최하고 황제에게 '헌의 6조'를 제안하기도 했어요. 그러나 보수 관료들은 이를 못마땅하게 생각하여 독립 협회가 왕을 몰아내고 공화정을 실시하려고 한다는 말을 고종에게 전해 모함에 빠뜨렸어요. 이에 고종은 독립 협회의 간부들을 체포하고 해산을 명령했어요. 만

민 공동회가 열려 정부의 조치에 반대하였지만, 황국 협회가 독립 협회를 습격하였고 동원된 군대로 인해 만민 공동회가 해산되면서 얼마 후 독립 협회도 해산되었어요.

독립 협회의 활동은 민중 계몽을 통해 민중의 힘으로 조선을 개혁하려는 근대화 운동이었어요. 그렇지만 청으로부터의 독립만을 강조하고 러시아를 몰아내고자 했을 뿐, 근대 문물을 도입하기 위해 미국이나 일본을 경계하지 않았다는 한계를 가지고 있어요. 하지만 독립 협회의 의도대로 조선에 입헌 군주제가 시행되었다면 어땠을까요? 의회 정치가 추진되면서 조선 스스로 근대 국가로 나아갈 수 있었다면요? 마음이 두근거려요. 진짜 그랬다면 어땠을까요?

대한 제국

고종은 아관 파천 후, 1년 만에 경운궁으로 환궁했어요(1897). 연호를 광무로 정하고 환구단에서 황제 즉위식을 행한 후 대한 제국을 선포했어요. 대한국 국제를 통해 대한 제국은 자주 독립국이며 황제가 통수권, 입법권, 행정권, 사법권 등 모든 권한을 가지는 전제 군주 국가임을 드러냈어요.

이어 고종은 광무 개혁을 시행하였는데 양전 사업을 시행하고 지계를 발급했으며, 근대적 회사와 민간 은행을 설립했어요. 상공 학교, 광무 학교, 실업 학교, 의학교 등을 세워 새로운 기술을 발전시키고 경영인을 키우고자 했어요.

고종은 독립 협회를 해산시키고 황제 중심의 개혁을 추진하고자 노력했어요. 황제가 주도한 개혁은 짧은 기간 내 큰 효과가 있었지만, 백성들보다는 황제권을 지키는 것이 우선시되었어요. 민권은 성장하고 있었는데 황제권은 오히려 강화되는 방향으로 가는 것, 우리나라뿐만 아니라 식민지 침탈과 함께 과제로 던져진 '근대화'의 해답으로 세계 여러 나라의 왕들이 선택한 것이었어요.

격동의 근대, 수많은 사람이 나라를 지키려고 노력했어요. 양반이면 양반, 백성이면 백성, 관리면 관리, 군인에 심지어 왕까지도 나서서 나라를 개혁하고 지키려 했어요. 이들 노력을 하나하나 살펴보면 성공과 실패를 떠나 우리가 말로 쉽게 평가하는 것도 조심스러워요. 여러분은 어떤 개혁의 방향이 이 시대에 가장 필요했던 것으로 보이나요? 여러분이 이 시대를 살았다면 어떤 선택을 했을 것 같나요?

나라를 되찾는 가장 좋은 방법은 무엇일까요?

독립운동의 전개

한국이 식민지가 되자 나라를 되찾기 위해 수많은 사람이 노력했어요. 그런데 다들 자기 관점에서 가장 나은 방법을 선택하여 노력했답니다. 고등학교 1학년 윤교는 다양한 독립운동 중 자신이 선택했을 법한, 자신이 할 수 있는 방법을 고르기가 매우 어려웠대요. 효과가 큰 운동은 그만큼 희생이 따르고, 안전한 방법은 그만큼 효과가 떨어지니까요. 여러분은 어떨 것 같나요?

이제부터 설명하는 다양한 독립운동을 잘 살펴보고 내가 선택할 수 있는 것은 무엇일까 한번 생각해 볼래요?

청일 전쟁에서 승리한 일본은 러일 전쟁에서까지 승리하며 조선에 대한 우위를 차지했어요. 러일 전쟁 직후 이토 히로부미는 군대를 동원하여 을사늑약을 체결하도록 조선 정부에 강요했어요(1905). 고종은 을사늑약이 무효임을 알리기 위해 네덜란드 헤이그에서 열린 만국 평화 회의에 이상설, 이준, 이위종을 특사로 파견했는데 일본의 방해로 회의에 들어가지도 못했어요.

을사늑약의 체결에 조선 사람들은 커다란 저항을 일으켰어요. 민영환, 조병세 등은 을사늑약에 저항해 자결했어요. 장지연은 『황성신문』에 「시일야방성대곡」을 발표하고 을사늑약에 서명한 이들을 비판하며 억울한 심정을 호소했어요.

| 황성신문 창간호

나철과 오기호 등은 을사오적(이완용, 박제순, 이근택, 이지용, 권중현)을 처단하고자 오적 암살단을 조직했어요.

| 을사오적(상단 왼쪽부터 이완용, 박제순, 이근택, 이지용, 권중현)

| 장인환
| 저격 직전의 이토 히로부미

전명운과 장인환은 샌프란시스코에서 일본의 조선 침략을 지지하던 미국인 스티븐스를 사살했어요. 안중근은 조선 침략에 앞장선 초대 통감 이토 히로부미를 만주 하얼빈에서 사살했어요(1909).

일본은 헤이그 특사 파견을 빌미로 고종 황제를 퇴위시켰고, 순종을 즉위시켰어요. 그리고 한일 신협약을 체결하여 일본인을 각 부의 차관으로 임명했어요. 대한 제국의 군대도 해산되었어요. 1909년 기유각서를 통해 대한 제국의 사법권이 박탈되었고, 이윽고 1910년 6월에는 경찰권도 빼앗겼어요. 이윽고 1910년 8월 한일 병합 조약이 체결되면서 대한 제국은 일본의 식민지가 되었어요.

이후 나라를 되찾기 위한 다양한 노력이 전개돼요. 각자 자신이 생각하는 가장 나은 방법으로 나라를 되찾으려고 했어요.

항일 의병 운동

단발령과 을미사변으로 분노한 백성들이 일으킨 을미의병에 이어 을사늑약을 계기로 의병들이 다시 일어났어요(을사의병). 최익현은 전북 태인에서 의병을 이끌고 순창으로 진격했어요. 순창에서 왕의 군대와 만난 그는 자신의 손으로 왕의 군대와 대적하여 조선의 백성을 죽일 수 없다고 하면서 칼을 내려놓고 일본의 포로가 되었어요. 그는 대마도로 끌려가 일본이 준 음식을 먹지 않고 단식하다 건강이 악화되어 사망했어요. 그는 '백성이 곧 나라'라는 사실을 잘 알았던, 조선의 진정한 선비의 모습과 인품을 갖춘 학자였던 것 같아요. 또 평민 출신 의병장 신돌석은 평해와 울진 등지에서 큰 위세를 떨쳤어요.

대한 제국 군대의 해산으로 군인들이 의병에 합류하면서 전투력이 크게 강화되었어요(정미의병). 이제 의병은 일본에 저항해 전쟁을 벌이기 시작했어요. 수도 한성의 일본군을 몰아내고자 1만 명 이상의 의병이 양주에 집결하였고, 이인영을 중심으로 13도 창의군이 만들어졌어요. 서울 진공 작전이 추진되었는데, 동대문 근처까지 진격하였으나 일본군의 선제공격으로 아쉽게도 실패하고 말았어요.

일본군은 '남한 대토벌 작전'을 통해 남은 의병들을 소탕하고자 했어요. 의병의 근거지인 촌락을 방화와 약탈로 없애고 수많은 사람을 학살했어요. 의병들은 더 국내에서 활동하기 어려워졌고 일부는 만주나 연해주로 이동했어요.

독립운동의 방법 가운데 항일 의병 운동은 이긴다면 큰 성과를 거둘 수 있겠지만, 진다면 큰 희생을 감수해야 해요.

애국 계몽 운동

| 안창호

을사늑약 체결 즈음부터 교육과 산업의 발전을 통해 민족의 실력을 기르고 국권을 수호하려는 움직임이 일어났어요. 통감부의 억압으로 공개적인 활동이 어려워지자 안창호, 이승훈, 양기탁 등은 비밀 결사 단체인 **신민회**를 조직했어요.(1907).

신민회는 국권 회복과 공화적 수립을 위해 민족 교육, 민족 산업 육성에 중점을 둔 실력 양성 운동을 전개했어요. 안창호는 평양에 **대성학교**를, 이승훈은 정주에 **오산학교**를 세워 민족 교육을 위해 노력했어요. 또 평양에 자기 회사를 설립하여 우리나라만의 산업을 키우고자 노력했어요. 『대한매일신보』를 통해 국민 계몽을 위한 노력도 기울였어요.

신민회는 만주에 독립운동을 위한 기지도 건설했어요. 이회영 형제와 이상룡 등은 서간도 지역 삼원보에 한인 거주지를 만들었고 **신흥 강습소**를 세워 독립군을 키웠어요. 신흥 강습소는 이후 이름을 신흥 무관 학교로 이름을 바꾸었어요.

| 이회영

애국 계몽 운동은 조선의 능력을 키워 독립의 힘을 키운다는 생각을 바탕으로 전개되었

| 신흥 무관 학교 교가

어요. 그런데 조선의 실력을 키우는 것은 일제의 방해로 쉽지 않았어요. 실력이 키워지지 않는다면 독립은 요원한 것이니 결국 독립의 길도 멀어졌답니다. 애국 계몽 운동은 의병 전쟁처럼 큰 희생이 따르

지는 않지만, 실력을 키울 때까지 기다려야 하니 즉각적인 독립을 이루어 내기는 어려웠을 거예요.

3·1 운동

| 독립운동가 유관순

이 시기의 독립운동 중에 가장 큰 의미를 지닌 것은 3·1 운동이에요. 우리 민족이 하나가 되어 거국적으로 일어난 독립운동은 3·1 운동 전에도, 그 후에도 없었어요. 제1차 세계 대전 전후 처리를 위해 열린 파리 강화 회의에서 주창된 민족 자결주의가 3·1 운동에 영향을 주었어요. 하지만 우리 민족이 함께 일어났던 가장 큰 이유는 고종 황제가 독살되었다는 소문이 파다하게 돌았고, 식민 지배를 받았던 지난 10년간 일본에 의해 자행된 역사상 유례가 없는 강압 통치 때문이었어요.

3·1 운동은 종교계 인사와 신한 청년당 그리고 학생들을 중심으로 1919년 3월 1일 탑골 공원에서 독립 선언서를 발표한 다음, 시위를 시작하는 계획을 가지고 있었어요. 당일, 민족 대표들은 시위가 과격해져 한곳에 모인 한국인들의 안전이 위협받을 것을 두려워하였어요. 이에 태화관에 따로 모여 독립 선언서를 낭독한 후 자진 체포

되었어요. 한편 탑골 공원에서 대표들을 기다리던 수많은 학생과 시민들은 따로 독립 선언서를 발표하고 독립 시위를 전개했어요. 시위는 서울에서 출발해 평양, 원산, 의주 등 주요 대도시로 퍼져 나갔어요. 시작은 학생들을 중심으로 전개되었지만, 차츰 노동자, 상인 등 다양한 계층이 모두 참여하는 민족 운동으로 확대되어 갔어요.

이후 시위는 농촌 지역과 해외로까지 확대되었어요. 신분과 남녀노소를 가리지 않았고, 직업과 종교의 구별 없이 모두 함께 참여한 진정한 민족 운동이었습니다. 이러한 3·1 운동의 결과, 일본은 통치 정책을 바꿀 수밖에 없었어요. 독립운동을 이끌 대한민국 임시 정부도 수립되었답니다. 더불어 일본의 침략을 경계하던 중국인들에게도 큰 영향을 미쳐 5·4 운동도 일어나게 했어요.

3·1 운동의 결과

3·1 운동 이후, 사람들의 생각은 어떻게 바뀌었을까요?

독립운동가	민족 운동을 이끌어 갈 하나의 정부가 필요하겠군!
일제 식민 통치자	
중국인	

그렇다면, 다음 글을 읽고 윤치호가 3·1 운동에 대해 어떻게 평가하고 있는지 생각해 볼까요?

독립 협회 회장이었고, 지금 우리가 부르는 애국가의 작사가인 윤치호는 『경성일보』와 3·1 운동에 대해 인터뷰하면서 다음과 같이 말했다.

| 윤치호

"강자와 서로 화합하고 서로 아껴 가는 데에는 약자가 항상 순종해야만 강자에게 애호심을 불러일으키게 해서 평화의 기틀이 마련되는 것이다. 만약 약자가 강자에 대해서 무턱대고 대든다면 강자의 노여움을 사서 결국 약자 자신을 괴롭히는 일이 된다. 그런 뜻에서 조선은 내지(內地=일본)에 대해서 덮어놓고 불온한 언동을 부리는 것은 이로운 일이 되지 못한다."

일제 식민 통치자 : 통치 정책을 바꾸어야겠어.
중국인 : 우리도 조선처럼 일본에 저항해야겠어.

윤치호는 화합과 평화를 위해 해서는 안 되는 일이었으며, 조선에게 이로운 일이 아니었다고 평가하고 있어요. 그는 조선이 제1차 세계 대전의 피해자가 아니므로 '민족 자결'의 이유가 없으며 설사 독립해도 자립 능력이 없다고 주장했어요.

대한민국 임시 정부의 수립과 활동

3·1 운동 직후 민족 운동가들은 독립운동의 구심점이 필요하다고 생각하고 임시 정부를 통합하고자 했어요. 연해주에 있는 국민 의회와 상하이의 대한민국 임시 정부, 서울의 한성 임시 정부가 통합되어 상하이에 대한민국 임시 정부가 수립되었어요.

대한민국 임시 정부는 정치 체제를 민주 공화제로 선택하고, 국내외 업무 연락을 위해 **연통제**를 만들어 국내에 정보를 전달했어요. 국내 곳곳에 통신 기관인 **교통국**도 설치해 국내외 정보를 수집했어요. 『독립신문』을 발행해 독립운동 소식을 전했고, 독립 공채를 발행하여 독립운동 자금을 모았어요.

| 대한민국 2년(1920년) 신년 기념사진

| 김규식

대한민국 임시 정부는 독립에 대한 국제 사회의 지원을 받고자 외교 활동에 힘을 쏟았어요. 프랑스에 파리 위원부를, 미국에 구미 위원부를 설치했어요. 김규식은 파리 강화 회의에 참석하여 독립 청원서를 제출했어요.

대한민국 임시 정부는 처음부터 외교 활동에 주력하고자 했어요. 상하이에 임시 정부를 세운 것도 그 때문이었어요. 그런데 연통제와 교통국이 무너지자, 국내나 만주와 멀리 떨어져 있던 임시 정부는 지원이 끊겨 많은 어려움을 겪게 되었어요.

임시 정부 안에서는 독립을 어떻게 이룰 것인가를 두고 만주와 연해주를 중심으로 무장 투쟁을 하자는 이동휘 계열의 **무장 투쟁론**, 독립을 위해서는 일본과의 군사적 대결보다 외교 활동을 통해 일본에 압력을 가할 수 있는 강대국의 도움에 호소하자는 이승만 계열의 **외교 독립론**, 조선은 당장 독립을 이루기 어려우니 독립 전쟁을 준비하기 위해 교육이나 경제 면에서 먼저 실력을 키우자는 안창호 계열의 **실력 양성론** 등으로 서로 다른 독립 운동의 방향을 제시했어요. 이는 임시 정부의 분열로 이어졌어요.

이런 와중에 임시 정부의 초대 대통령 이승만이 미국의 윌슨 대통

| 이동휘

| 이승만

| 신채호

령에게 한국을 독립시켜 국제 연맹의 통치 아래에 둘 것을 청원했어요. 이승만의 위임 통치 청원서 제출은 우리나라를 독립시키기 위해 또 다른 나라의 식민지가 되어야 한다는 뜻이었기에 많은 이들의 큰 반발을 가져왔어요.

이에 국민 대표 회의가 소집되었어요(1923). 신채호는 임시 정부를 해산하고 새로운 정부를 수립할 것을 제안하였고, 안창호는 기존의 임시 정부를 두고 개편할 것을 주장했어요. 결국 이들은 합의점을 찾지 못했고, 많은 민족 운동가들이 임시 정부를 이탈하고 말았어요.

이처럼 우리나라를 어떻게 독립시킬 것인가를 두고 많은 생각이 오갔어요. 독립의 방식은 결국 분열로 이어졌지요. 사실 어떤 독립운동이 가장 좋다고 평가하기는 매우 힘들어요. 독립운동의 방법이 각각 장단점을 가지고 있었기 때문이에요. 독립운동의 방법을 둘러싼 대한민국 임시 정부의 분열은 결국 임시 정부의 위상을 추락시켰어요. 그리고 독립운동은 각자의 입장에 따라 흩어져 추진하게 되었습니다.

대한민국 임시 정부 헌법과 대한민국 헌법

　대한민국 헌법은 대한민국 임시 정부의 법통을 잇고 있어요. 두 헌법을 비교해 볼까요?

대한민국 임시 정부 헌법(1919.9.)	제헌 헌법(1948. 7. 17.)
제1조 대한민국은 대한 인민으로 조직한다. 제2조 대한민국의 주권은 대한 인민 전체에 있다. 제4조 대한민국의 인민은 일체 평등하다. 제5조 대한민국의 입법권은 의정원이, 행정권은 국무원이, 사법권은 법원이 행사한다.	유구한 역사와 전통에 빛나는 우리들 대한 국민은 기미 3·1 운동으로 대한민국을 건립하여 세계에 선포한 위대한 독립 정신을 계승하여 이제 민주 독립 국가를 재건함에 있어서 …… 모든 사회적 폐습을 타파하고 민주주의제 제도를 수립하여 정치, 경제, 사회, 문화의 모든 영역에 있어서 각인의 기회를 균등히 하고 ……. 제1조 대한민국은 민주 공화국이다. 제2조 대한민국의 주권은 국민에게 있고 모든 권력은 국민으로부터 나온다.

대한민국 제헌 헌법에는 '대한민국 임시 정부'를 잇고 있다는 내용을 분명히 하고 있어요.

임시 정부가 세우고자 한 나라

대한민국 임시 정부의 건국 강령을 볼 때 임시 정부는 어떤 나라를 세우려고 했을까요? 밑줄 친 부분을 참고하여 정리해 볼까요?

제우리는 이민족의 독재 정치를 무너뜨리기 위해, 5000년의 낡은 왕정을 벗어던지기 위해 새로운 민주적 체제의 정부를 수립하기 위해 노력했다. 우리는 …… <u>보통 선거 제도</u>를 실시하여 정권을 균등히 하고 <u>국유 제도</u>를 채용하여 이권을 균등히 하며 <u>의무 교육</u>을 실시해 배울 권리도 균등히 할 것이다. 　　　　　　　　　　　　　　　　　　- 대한민국 임시 정부, 『공보』 제72호	
정치	
경제	
교육	

정치는 민주주의, 교육은 의무 교육으로 현재와 비슷하나, 경제는 사회주의적 성격을 드러내고 있어요. 독립 이후 세워질 정부에 사회주의 계열을 포용하려는 노력이라고 볼 수 있어요.

무장 독립 투쟁

3·1 운동 이후 만주 지역에는 수십 개의 독립군 단체가 만들어졌어요. 서간도에는 신흥 무관 학교를 기반으로 하는 서로 군정서, 북간도에는 홍범도의 대한 독립군과 김좌진의 북로 군정서가 조직되어 있었어요. 독립군은 국경을 넘어와 일본의 시설과 군대를 공격했어요. 잦은 공격으로 피해를 보던 일본군은 독립군의 본거지를 소탕하겠다며 봉오동 지역으로 쳐들어왔어요. 홍범도와 이 지역의 독립군들은 힘을 합쳐 일본군 수백 명을 사살했어요(1920, **봉오동 전투**). 패배한 일제는 더욱 본격적으로 독립군을 만주에서 몰아내기 위한 계획을 세웠어요. 이에 김좌진의 북로 군정서, 홍범도의 대한 독립군, 천

| 홍범도

| 김좌진

주교의 의민단 등이 모인 연합 부대가 청산리에 모여 일본군에 맞섰어요. 독립군은 일본군을 청산리 일대로 유인하여 6일 동안 10여 차례의 크고 작은 전투를 벌여 물리쳤어요(1920, **청산리 대첩**).

독립군은 큰 승리를 거두었지만, 다른 곳에서 우리 민족은 큰 피해를 입었어요. 일제가 독립군의 근거지를 없앤다는 명분으로 만주 지역의 한인들을 학살하는 간도 참변이 일어났기 때문이에요. 독립군은 한인들을 살리기 위해 만주를 떠날 수밖에 없었어요. 이들은 러시아 혁명군의 지원을 바라고 러시아의 자유시(스보보드니)로 이동했어요. 하지만 거기서 내분이 일어나 러시아 혁명군과 독립군 일부가 무장 해제를 명분으로 공격하면서 수많은 민족 운동가들이 사망하게 되었어요(1921, **자유시 참변**). 이 사건이 정말 안타까운 이유는 치열한 독립 전쟁에서도 살아남은 독립군들이 내분으로 죽게 되었기 때문이에요.

만주로 돌아온 독립군은 남만주의 참의부와 정의부, 북만주의 신민부를 만들어 독립군 자치 조직을 세웠어요. 이들은 군사·행정 제도를 갖추어 만주 한인 사회를 직접 통치하는 작은 군사 정부라고 볼 수 있어요. 만주 지역 한인들이 사는 마을과 군대가 따로 존재하다 보니 일어난 간도 참변을 교훈으로 삼아 둘을 합쳐서 운영한 거예요. 이후 일본의 만주 침략과 중국 침략이 본격화되면서 무장 투쟁은 중국과 연합 작전을 펼치게 돼요. 전쟁에서 이기는 것은 독립에 즉시적이고 큰 성과를 가져올 수 있지만, 전쟁에 참여하는 수많은 이들의 희생이 있어야만 해요. 무기도 제대로 갖추기 어렵고, 전문적인 군사 훈련도 어려운 상황에서 전쟁에 이기려면 큰 희생이 따를 수밖에 없었어요.

의열 투쟁

한편 일본의 식민 지배와 관련된 기관을 파괴하거나 식민 지배와 관련된 인물을 공격하는 활동으로 의열 투쟁이 등장했어요. 김원봉이 조직한 **의열단**은 **조선 혁명 선언**을 활동 지침으로 삼고 의열 투쟁에 나섰어요. 김익상은 조선 총독부에 폭탄을 던졌고, 김상옥은 종로 경찰서에 폭탄을 던졌어요. 나석주는 식산 은행과 동양 척식 주식회사에 폭탄을 던졌어요.

김구는 대한민국 임시 정부의 위상을 높이고자 **한인 애국단**을 조

| 김원봉

| 의열단

| 이봉창

| 윤봉길

직했어요. 이봉창은 도쿄에서 히로히토 일왕에게 폭탄을 던졌어요
(1932). 다른 마차에 타고 있던 히로히토 일왕은 무사했지만, 이 사건
은 일본과 조선 모두에게 큰 충격을 주었어요. 윤봉길은 일본군이
중국 상하이를 점령하고 전승 기념식과 함께 일왕의 생일 기념 행사
를 벌이자, 그들에게 폭탄을 던져 큰 피해를 줬어요(1932). 중국의 지
도자 장제스는 이 사건을 두고 "중국 100만 대군도 하지 못한 일을
조선의 한 청년이 해냈다."라고 말하며, 이후 대한민국 임시 정부를
인정해 주고 후원했어요. 의열 투쟁은 적에게 큰 피해를 줄 수 있었
지만, 의열 투쟁에 나선 독립운동가들의 희생이 반드시 필요했어요.
나라를 위해 목숨을 바치겠다는 숭고한 정신이 없다면 불가능한 일
이었답니다.

민족 실력 양성 운동

3·1 운동 이후, 민족주의 계열 지식인들은 일본으로부터 바로 독립하기에는 힘이 부족하다고 생각했어요. 그들은 먼저 실력을 양성할 필요가 있다고 생각해 민족 산업의 육성, 교육의 진흥, 전근대적인 관습 타파 등을 주장했어요.

당시 일제는 식민 지배 초기에 회사를 세우기 위해서는 반드시 조선 총독부의 허가를 받아야만 하는 회사령을 시행하였어요. 하지만 이후 한반도로의 상품 수출과 자본 투자를 위해 이를 폐지하고, 회사를 설립하려면 신고만 하면 되는 신고제로 정책을 바꿨어요(1920). 이로 인해 국내에 많은 일본 회사들이 세워지는 상황 속에서 민족 산업을 육성하자는 목적으로 **물산 장려 운동**이 일어났어요. '내 살림 내 것으로'라는 구호 아래 국산품 애용 운동이 널리 퍼졌어요. 이 운동은 민중들의 지지 속에서 성공한 듯했지만, 국내 기업이 상품의 가격을 올려 이익을 보려고 했어요. 따라서 같은 민족에게 오히려 피

| 경성방직 주식회사 국산품 애용 광고

해를 주는 자본가 계층에게만 좋은 운동이라는 비판을 받기도 했어요. 나라를 위한 마음을 자기 잇속 차리는 데 이용하려고 했다니 마땅한 비판인 것 같아요.

1920년대 들어서는 농민이나 노동자들을 위한 계몽 운동이 일어났는데, 특히 조선어 학회에서는 한글 보급을 통한 **문맹 퇴치 운동**을 전개했어요. 조선일보는 한글 교재 보급과 강연회를 통한 **문자 보급 운동**을 전개했고, 동아일보는 **브나로드 운동**을 통해 농촌을 계몽하고자 했어요.

또 민족 교육을 통한 실력 양성 운동도 일어났는데, 조선인의 고등 교육을 위한 **민립 대학 설립 운동**이 일어났어요. 1923년 이상재는 조선 민립 대학 기성회를 만들어 모금 운동을 시작했어요. 하지만 일제의 방해와 함께 가뭄과 홍수가 계속되어 민중들은 먹고살기 힘들어졌고, 더 이상 모금이 어려워지면서 운동은 실패하게 되었어요.

민족 실력 양성 운동은 독립의 역량을 키우자는 것으로 특정한 누군가의 희생이 없이도 독립을 위해 많은 사람들이 참여할 수 있다는 장점을 가지고 있었어요. 하지만 시간이 매우 오래 걸리다 보니 일본의 끊임없는 방해 속에 과연 조선 민족의 역량을 키울 수나 있을지, 독립할 수 있을지에 대한 회의가 커지면서 흐지부지되는 경우도 많았어요.

자, 지금까지 살펴본 독립운동의 방법 가운데 내가 이 시기에 살았다면 나는 어떤 독립운동을 했을까 생각해 보았나요? 친구들에게도 한번 물어보세요. 그런데 그거 알고 있나요? 식민 지배 당시, 대부분의 평범한 사람들은 독립운동을 할 수 없었어요. 일제의 억압 속에서 고통스러운 삶을 이어 가야만 했지요. 어떤 독립운동을 했든 독립운동가들을 존경해야만 하는 이유가 바로 여기에 있어요.

한 걸음 더 들어가 보아요!

독립운동의 각기 다른 입장

다음을 읽고, 나라면 누구의 주장에 동의할지 선택해 볼까요?

	나라의 독립을 위해서는 하루라도 빨리 전쟁에 나서야 합니다! 나라의 주권이 없는데 어찌 실력이 키워질 것이며, 일본이 이를 내버려 둘 것이라 생각합니까? - 신돌석
	우리가 가진 무기는 일본에 비하면 초라하고 보잘것 없습니다. 어찌 대항하는 어리석은 짓을 한단 말입니까. 일본의 지도 아래 실력을 키우고, 능력이 되었을 때 자치를 누리면 되지 않겠습니까? - 윤치호
	일본의 지도하에 자치를 얻겠다는 것은 독립을 포기하는 것이 아닙니까? 나라의 독립은 반드시 필요합니다. 독립을 위해 전쟁이 필요한 것이 맞으나, 당장 투쟁에 나선다면 큰 희생만 낳을 뿐이라 생각합니다. 찬찬히 준비하여 힘을 키우고 결정적인 순간에 총력을 다해 싸웁시다. - 안창호

신돌석은 의병 전쟁으로 나라를 되찾고자 하였고, 안창호는 독립을 위해 실력을 키울 것을 주장하고 있어요. 하지만 윤치호는 조선의 독립을 바라는 것으로 볼 수 없어요. 실력을 키우자고 말하지만, 일본의 식민 지배에서 벗어나는 것은 불가능하다고 생각하고 있어요. 이러한 사람들을 '자치론자'라고 부른답니다.

독립 이후엔 어떤 나라를 세우려 했을까요?

민족 운동의 대립과 분열

고등학교 1학년 운교는 반 아이들이 티격태격해서 걱정이래요. 학급 회장이라 학급을 관리해야 하는데 사사건건 서로 양보하지 않는 아이들이 있어서 매일 시끄럽대요. 그래서 담임 선생님께 이야기했더니 그렇다면 옆 반과 체육 대회를 하자고 하셨대요. 옆 반과 경쟁하는 동안은 우리끼리 단합력이 넘칠 거라고요. 이 얘기를 듣자니 떠오르는 것이 있어요. 결국 함께 싸울 적이 생기면 내부의 분열은 잠시나마 멈출 수 있다는 것이잖아요?

우리 독립운동의 전개 과정에서도 이러한 일들이 있었어요. 절대 타협할 수 없을 것 같았던 독립운동가들도 공동의 적이 생기면서 힘을 합쳤거든요.

어떻게 독립할 것인가를 두고 타협이 어려웠던 독립운동가들은 이제 독립을 한다면 어떤 나라를 세울 것인가를 두고 나뉘었어요. 하지만 공동의 적, 일제가 있어 타협하기도 했답니다. 그렇다면 어떻게 타협하고 또 어떻게 다시 나뉠 수밖에 없었는지 알아볼까요?

러시아 혁명 이후 사회주의 사상은 전 세계로 퍼졌어요. 한반도에서는 1925년 조선공산당이 만들어졌답니다. 사회주의가 우리나라에 널리 퍼지자, 독립의 문제에서 더 나아가 독립 이후에 어떤 나라를 세울 것인가의 문제로 논의가 확대되었어요. 이제 국내의 민족 운동은 사회주의 계열과 민족주의 계열로 나뉘어 전개되었어요. 그런데 일부 민족주의자들이 독립을 하기보다는 일제와 타협하여 자치권을 얻자는 **자치 운동**을 주장하였어요. 대표적인 사람으로는 이광수가 있는데, 그는 "우리는 조선 내에서 허하는 범위 내에서 일대 정치적 결사를 조직하여야 한다."라고 말했어요. 이는 독립을 거부하는 것이나 다름없었어요. 이렇게 일제와 타협하려는 타협적 민족주의자들을 받아들일 수 없었던 비타협적 민족주의자들과 사회주의자들은 힘을 합하여 민족 운동을 전개하게 되었어요.

1926년 순종이 서거하자, 민족주의 계열과 사회주의 계열은 힘을

| 순종

| 순종의 장례식

합하여 순종의 국장일인 6월 10일에 만세 시위를 계획했어요. 고종의 서거 때 3·1 운동을 겪었던 일본은 순종의 서거 이후 극심한 경계를 하였는데, 결국 시위가 사전에 발각되면서 지도자들이 검거되었어요. 시위를 주도하였던 어른들이 모두 일제에 의해 끌려 나가자 남은 학생들이 독립 만세 운동을 전개했어요. 시위는 무장 경찰에 의해 무자비하게 진압되었고 큰 성과를 거두지는 못했지만, 이는 민족이 하나로 힘을 합치자는 민족 유일당 운동의 시작으로 이후 큰 영향을 미쳤어요. 또 학생들이 민족 운동을 주도하면서 광주 학생 항일 운동이 일어나는 데도 큰 영향을 주었답니다.

　비타협적 민족주의자들과 사회주의자들은 자치 운동에 반대하기 위해 **신간회**를 설립했어요(1927). 신간회는 국내뿐 아니라 만주와 일본에까지 조직을 둔 최대 규모의 민족 운동 단체로 성장했어요. 신간회는 강연회와 강습회를 통해 민족의식을 키우려 노력했어요. 또

| 신간회 창립 모습

| 신간회 창립을 보도하는 동아일보 기사

| 광주 학생 항일 운동을 보도하는 중외일보 기사

일제의 식민 통치를 비판하고, 어렵게 사는 한국의 노동자와 농민 그리고 학생들을 돕고자 했어요.

1929년 10월 30일 나주에서는 일본인 학생들과 한국인 학생들의 충돌이 일어나 일본 경찰이 한국인 학생들만 검거하는 사건이 일어났어요. 이에 11월 3일 광주에서 **광주 학생 항일 운동**이 일어났을 때 신간회가 주축이 되어 사건의 진상을 조사하고 대대적인 시위를 준비하기도 했어요. 그런데 사전에 발각되어 신간회 간부들이 거의 구속되었답니다.

광주 학생 항일 운동 이후 신간회 집행부가 무너지고, 내부에서 계열 간 대립이 심화되었어요. 결국, 1931년 5월 신간회 해소가 선언되었어요. '해소'는 다른 방향으로 발전적으로 나아간다는 뜻으로 사용한 단어예요.

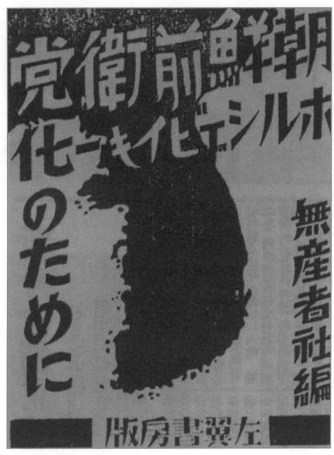

| 신간회 해소를 주장하는 책 표지

　결국 일제라는 공통의 적을 두고 때로는 힘을 합하기도 했지만, 독
립 이후에 어떤 나라를 세울 것인가에 대한 타협은 제대로 이루어지
지 못했어요. 이 대립은 결국 해방 이후 우리나라의 가장 큰 문제가
되었습니다. 남북 분단은 어쩌면 벌써 예견되어 있었던 거예요.

민족 운동과 구호

다양한 민족 운동의 구호를 확인해 보고, 어떠한 운동을 전개해 나갔을지 생각해 볼까요? 앞서 언급되지 않은 운동들도 있으니 한번 찬찬히 살펴보세요.

운동	구호	계열	
		민족주의	사회주의
물산 장려 운동	내 살림 내 것으로.	○	
민립 대학 설립 운동	우리 민족의 힘으로 대학을 설립하자. 한민족 1천만이 한사람 1원씩(모금 구호).	○	
농민 운동	소작료를 낮춰라! 소작권을 보장하라!		○
노동 운동	열악한 노동 환경 개선하라! 임금을 인상하라! 노동 시간을 줄여 달라! 외국 자본의 착취를 몰아내자!		○
여성 운동(근우회)	혁명은 부엌으로부터!	○	○
소년 운동	잘 살려면 어린이를 위하라!	○	○
형평 운동	저울처럼 평등한 세상을 만들자!		○
6·10 만세 운동	우리의 교육은 우리 손에! 토지는 농민에게! 8시간 노동제 실현. 일본 제국주의 타파!	○	○
광주 학생 항일 운동	식민지적 노예 교육 제도를 철폐하라! 일본 제국주의를 타도하라!	○	○
신간회	우리는 정치적 경제적 각성을 촉진한다. 우리는 단결을 공고히 한다. 우리는 기회주의를 일체 배격한다.	○	○

태어났는데 친일파 후손이라면 어떻게 해야 할까요?

일제의 식민 지배 정책

초등학교 4학년 예교는 친일파가 뭔지 잘 모르겠대요. 일본과 친하면 친일파냐고 물어보네요. 흔히 말하는 '친일파'는 식민지 시대 때부터 이어져 내려오는 개념이에요. 한국인이면서 일본과 손잡고 같은 민족을 억압하며 자신의 부와 권력을 키운 민족 배반자들이라고 말할 수 있어요. 우리가 식민 지배에서 벗어난 지 벌써 거의 80년이 다 되었어요. 그런데 아직도 대한민국에는 '친일파'가 존재한다고 해요. 이렇게 오랫동안 친일파라는 용어가 남아 있는 이유는 무엇일까요? 그 답은 의외로 간단해요. 우리나라 역사상 단 한 번도 '친일파'가 제대로 처벌받은 적이 없기 때문이에요. 청산되지 않은 역사는 계속 문제로 남는답니다. 그런데 친일파는 일제의 정책에 의해 의도적으로 만들어졌어요. 일제의 식민 정책을 한번 알아볼까요?

무단 통치

1910년 일제는 한일 병합 조약으로 한국을 식민지로 만들고 역사

| 조선 총독부 청사

상 유례없는 가혹한 무단 통치를 시작했어요. 조선 총독부가 설치되었는데, 조선 총독은 일본의 육군이나 해군 대장 가운데 임명되었어요. 이제 한국은 입법·사법·행정·군사권 등 강력한 권한을 모두 가진 군인 출신이 통치하게 된 거예요. 이에 더해 일제는 헌병 경찰제를 시행하여 헌병이 경찰의 업무를 담당하게 했어요. 군인을 관리했던 헌병 경찰은 일반 경찰보다 훨씬 엄격한 기준으로 한국인들을 다루었어요. 헌병 경찰은 치안, 의병 소탕뿐만 아니라 세금 징수, 민사 소송도 담당했어요. 그리고 즉결 처분권을 가지고 있어 재판 없이 한국인을 구류하거나 처벌할 수 있었어요. 1912년에는 한국인에게만 적용되는 **조선 태형령**이 내려졌는데, 재판 없이 한국인들에게 태형을 가할 수 있는 것이었어요. 태형은 비인권적인 면 때문에 조선 후기에 사라

진 형벌이었는데 이를 부활시킨 것은 모욕감을 주고자 하는 의도가 내포된 것으로 보여요. 이러한 강력한 무단 통치는 결국 한국인들의 강한 반발을 가져왔고, 결국 3·1 운동으로 폭발하였어요.

문화 통치

3·1 운동을 겪은 일제는 헌병 경찰을 통한 무단 통치를 그만두고 이른바 문화 통치를 시작했어요. 문화 통치는 가혹한 무단 통치를 감추기 위한 명분에 불과했어요.

헌병 경찰제를 보통 경찰제로 바꾸었지만, 경찰 수는 이전보다 3배 이상 늘었습니다. 조선 총독에 문관 출신도 임명할 수 있도록 정책을 바꾸었지만, 단 한 번도 문관 총독이 임명된 적이 없었어요. 또 1925년, 독립운동가들을 탄압하기 위한 치안 유지법도 새로 만들어지면서 통제와 탄압은 더욱 전문적이고 구체화되었어요.

언론·출판·집회·결사의 자유를 허용하고 신문 간행을 허용한다고 하였지만, 검열을 통해 일제에 마음에 들지 않는 기사는 임의로 삭제하였고, 정간되기도 했어요.

실제로 문화 통치기에 일제가 가장 주력한 정책은 친일파를 양성해 우리 민족을 분열시키는 것이었어요. 3·1 운동 직후 조선 총독이 된 사이토 마코토는 '조선 민족 운동에 대한 대책(1920)'에서 다음과 같이 말했어요.

| 사이토 마코토

"조선 문제를 해결하는 요점은 친일 인물을 다수 확보하는 데 있다. 그러므로 이 기회에 정부 정책에 잘 따르는 민간 유지에게 상당한 편의와 원조를 해 주고 수재 교육이라는 이름 아래 이들을 양성하게 하는 것이 가장 필요할 것이다. …… 친일파와 배일파를 판별하여 배일파에게는 간접적으로 그 행동을 구속할 방책을 마련하고 친일파에게 사정이 허락하는 한 편의와 원조를 할 필요가 있다."

그들의 목적은 분명했어요. 무단 통치를 강화하면서 일부를 친일파로 양성하고, 그 불만을 한국인 스스로에게 돌리게 함으로써 한국인들끼리 대립하도록 만든 거예요. 친일파는 이러한 역사적 배경에서 탄생하게 되었답니다.

민족 말살 정책

일제는 만주 사변 이후 중국을 본격적으로 침략하면서 한국인들을 전쟁에 동원했어요. 일본은 한국인이 일본인과 같다는 동화 정책을 추진하여 일왕에게 충성하는 백성으로 만들고자 하는 황국신민화 정책을 추진했어요. 한국인들에게 '황국신민 서사'를 외우도록 하

| 황국신민 서사(아동용, 성인용*)

고, 전국에 신사를 세워 신사 참배를 강요했어요.

심지어 한국인들이 일본식 성과 이름을 갖도록 했어요(창씨개명).
학교나 관공서에서는 조선어 사용이 금지되고, 1940년 우리말을 사
용했던 조선일보와 동아일보는 폐간되었어요. 일제는 자신들의 전쟁
을 위해 한국인을 대상으로 인적·물적 수탈을 강요했어요. 여성과
아이들까지 전쟁에 동원되었고, 식량과 각종 물자가 부족해지면서
한국인들은 궁핍에서 벗어날 수 없었어요. 이렇게 식민지 시대를 겪

아동용 1. 우리는 대일본제국의 신민입니다.
　　　 2. 우리는 마음을 다해 천황 폐하께 충성을 다하겠습니다.
　　　 3. 우리는 인고단련하여 강하고 훌륭한 국민이 되겠습니다.

성인용 1. 우리는 황국신민으로 충성을 다해 군국에 보답하겠습니다.
　　　 2. 우리 황국신민은 신애 협력하여 단결을 공고히 하겠습니다.
　　　 3. 우리 황국신민은 인고단련하여 힘을 길러 황도를 선양하겠습니다.

으면서 한국인들은 큰 고통을 겪었어요. 그렇기 때문에 진정한 사과와 배상, 친일파의 처벌도 없는 과거가 현재를 사는 우리에게 여전히 아픔으로 남아 있을 수밖에 없어요. 이것이 바로 지금도 '친일파'라고 불리며 손가락질받는 사람들이 있는 이유예요.

그런데 친일파 후손이 다 '친일파'일까요? 그들이 원해서 그 후손으로 태어난 것은 아니잖아요. 태어나 보니 친일파 후손이라면 어떻게 해야 할까요? 비난받는 게 마땅할까요? 과거의 역사를 제대로 청산하기 위한 용서와 화해의 절차가 이루어진다면 친일파 후손에 대한 비난도 더 이상 없지 않을까요? 너무 늦었을까요? 너무 늦은 용서와 화해는 없는 것 같아요. 유대인 학살에 앞장섰던 자신의 선대의 죄를 용서받고자, 나치의 유대인 학살에 대해 강연을 하고 다니는 독일인을 영상에서 본 적이 있어요. 또 아유슈비츠 수용소가 있던 자리에서 나치 후손들과 유대인 후손들이 만나 걷기 행사를 갖는 것을 뉴스에서 본 적도 있답니다. 과거에 어떤 일이 일어났는지 정확히 밝혀내고 정당하게 법적인 대가를 치른 이후, 용서와 화해의 길로 함께 나아가면 좋겠어요.

╭─ 한 걸음 더 들어가 보아요!

일제의 경제 수탈

일제의 식민 지배 정책 중, 경제 수탈 정책에 대해 도표로 한번
살펴볼까요?

연대	경제 정책
1910년대	토지 조사 사업, 임야 조사 사업, 회사령(허가제), 어업령, 삼림령, 광업령
1920년대	산미 증식 계획, 회사령(신고제)
1930년대	농공 병진 정책(병참 기지화 정책), 국가 총동원법(1938), 지원병 제도, 학도 지원병 제도, 징병제, 징용령(1939), 식량 배급제(1940)

일제는 1910년대 한국의 토지를 수탈하고, 1920년대 한국의 곡물을 대량으로 일본으로
유출시키면서 경제를 어렵게 만들었어요. 또 1930년대 자신들의 전쟁을 위해 한국에 국
가 총동원령을 내리고 총체적 수탈을 자행했답니다.

PART 6 현대

6·25 전쟁으로 인한 분단을 어떻게 이해해야 할까요?

6·25 전쟁의 결과와 영향

중학교 2학년 현교는 정말 당황스럽대요. 목숨을 걸고 독립을 위해 희생한 사람들의 입장에서 보면 독립보다 어떤 나라를 세울 것인가를 두고 싸우다 결국 분단이 된 이 현실을 정말 이해할 수가 없거든요. 그리고 독립을 하던 즈음, 한국의 평범한 사람들은 사회주의가 뭔지 민주주의가 뭔지 잘 몰랐을 것 같대요. 지금 중학생들도 무슨 뜻인지 명확히 잘 모르거든요. 그러면 잘 모르는 그 '주의' 때문에 전쟁이 일어나고, 분단된 것을 도대체 어떻게 이해해야 할까요?

드디어 독립을 이루었지만, 한반도는 강대국의 손아귀에 놓였어요. 미국군과 소련군이 일본군의 무장 해제를 목적으로 각각 38도선을 경계로 남북으로 들어왔어요. 이후 모스크바 3국 외상 회의에서는 한국에 미소 공동 위원회를 설치하고, 미·영·중·소 4개국이 신탁 통치를 할 것이 논의되었어요. 그러나 제1·2차 미소 공동 위원회가 결렬되었고, 결국 한반도에 어떤 정부를 어떻게 세울 것인가의 문제는 국제 연합에서 결정하게 되었어요. 국제 연합 총회는 인구 비례에 따른 남북한 자유 총선거를 통해 정부를 수립할 것을 제안했어요. 하지만 소련은 북쪽이 인구가 적다는 이유로 총선거에 참여하길 거부했고, 이에 국제 연합은 소총회를 열어 선거가 가능한 남쪽 지역에서라도 총선거를 하기로 결정했어요.

남북 협상, 제주 4·3 사건 등 남한 단독 총선거에 대한 반대가 있었지만, 남한에서는 **5·10 총선거**가 시행되어 1948년 8월 15일 대한민국이 수립되었어요. 1948년 9월 북한에서는 조선 민주주의 인민 공화국이 수립되었지요.

1950년 6월 25일, 38도선 전 지역에 걸쳐 북한군이 남침을 시작했어요. 북한은 남침을 시작한 지 3일 만에 서울을 점령했어요. 국제 연합은 창립 이후 최초로 16개국 연합군으로 이루어진 유엔군을 한국에 파병했어요. 북한군은 남진을 지속했고 국군은 낙동강을 마지막 방어선으로 삼았어요. 국군과 유엔군은 9월 15일 **인천 상륙 작전**을

| 6·25 전쟁 당시 사진

| 인천 상륙 작전 당시 맥아더(사진 가운데)

| 철수 직후 폭파되는 흥남항 부두

통해 북한군의 보급선을 차단하고, 서울을 되찾았어요. 10월에는 평
양을 함락하고 압록강까지 진격했지만 새롭게 참전한 중공군의 공
세로 국군과 유엔군은 38도선 이남으로 후퇴했어요. 육지로 도망치
기 어려웠던 군인 12만 명과 피란민 10만여 명은 흥남 부두에서 바
다로 철수했어요. 1951년 국군과 유엔군은 다시 서울을 빼앗겼어요
(**1·4 후퇴**). 하지만 병력과 무기를 재정비하여 3월에 다시 서울을 수
복하였고 38도선까지 나아갔어요. 치열한 공방전 끝에 1953년 7월
정전 협정이 체결되어 군사 분계선과 비무장 지대가 만들어졌어요.

6·25 전쟁으로 수많은 사람이 사망하였고, 전쟁고아와 이산가족이 생겼어요. 한국군 14만 명, 유엔군 4만 명, 북한군 50만 명, 중공군 15만 명, 그리고 민간인 약 100만 명이 사망했어요. 특히 전쟁 중에 수많은 민간인이 억울한 죽임을 당했어요. 남북한에 있는 산업시설의 중요한 부분이 거의 파괴되어 경제도 매우 어려워졌어요.

그런데 정말 중요한 문제는 다른 곳에 있었어요. 전쟁의 상처로 한 민족이었던 이들이 남북으로 나누어져 적대 감정이 쌓였고, 이제는 다시 되돌릴 수 없게 된 거예요. 처음 38도선이 그어졌을 때와 비교하자면 6·25 전쟁 이후 분단은 이제 극복하기 어려운 상처로 남았어요. 남쪽의 이승만 정부는 반공주의를 강화했고, 북쪽의 김일성은 전쟁의 책임을 물어 사람들을 숙청하면서 체제를 만들어 갔어요. 남북한 모두 6·25 전쟁 이후의 상황을 통해 권력을 공고히 다져 갔어요.

남북으로 나뉘어 서로 죽고 죽인 것은 정말 비참하고 슬픈 일이에요. 그런데 그런 상처로 인해 다시는 화해하지 못한다는 것은 더욱 슬픈 일인 것 같아요. 전쟁을 겪은 세대는 가족의 죽음과 관련된 이들을 절대 용서할 수 없을 거예요. 하지만 다음 세대, 그다음 세대는 화해를 위한 노력을 해야 하지 않을까요? 한 민족이 영원히 나누어져 살아갈 수는 없는 일이잖아요.

이 땅의 민주주의를 위해 목숨을 바칠 수 있나요?

민주화 운동의 흐름

중학교 2학년 현교는 민주화 운동에 대해 생각할수록 어렵대요. 이 땅의 민주화를 위해 목숨을 바친 수많은 학생과 젊은이들을 생각하면 자신은 절대 할 수 없을 것 같대요. 여러분은 어떤가요? 그들을 어떻게 생각하나요? 여러분은 그렇게 할 수 있나요? 지금부터 우리나라의 민주화 운동들을 살펴볼 거예요. 살펴본 뒤, 나는 어떻게 무엇을 할 수 있을지 생각해 볼까요?

4·19 혁명

대통령에 당선된 이승만은 장기 집권을 위해 초대 대통령만 중임 제한 규정을 두지 않는다는 내용을 담아 개헌을 추진했어요. 개헌에 대한 의결 정족수에서 1명이 부족하자 이승만 정부는 사사오입을 내세워 개헌안을 통과시켰어요(사사오입 개헌). 1960년 3·15 부정 선거에서는 야당의 후보가 병으로 사망하여 이승만의 대통령 당선이 확정적이었어요. 그런데 부통령 선거에서 이승만 정부가 4할 사전 투표,

투표함 바꾸기 등 부정 선거를 자행해 여당의 이기붕이 80%의 득표
율로 부통령으로 당선되었어요.

　3월 15일 마산에서 학생과 시민이 부정 선거를 규탄하는 대규모
시위를 전개하였는데, 경찰은 이 시위대를 무자비하게 진압했어요.
1960년 4월 11일 마산 앞바다에서 3월 15일에 실종되었던 김주열 학
생의 시신이 떠오르자 분노한 시민과 학생들은 시위를 일으켰어요.
시위는 전국적으로 퍼졌고, 4월 19일 경찰은 대통령 집무실로 향하
는 시위대에게 무차별 발포를 시작했어요. 더불어 이승만 정부가 계
엄령을 선포하고 군대를 동원해 시위를 진압하려고 하자 4월 25일 서
울 지역의 대학 교수들이 시국 선언을 하고 거리로 나섰어요. 결국,

| 시위대 모습

| 이승만 대통령의 하야와 하와이 망명을 보도하는 경향신문

이승만은 4월 26일 대통령직에서 물러났어요.

시민과 학생의 힘으로 독재 권력을 무너뜨린 4·19 혁명은 우리나라 최초의 민주주의 혁명이라고 부를 수 있어요. 혁명을 통해 시민들의 힘을 확인하였고, 이후 언론·출판·집회·결사의 사전 허가 및 검열제가 폐지되며 이 땅의 민주주의가 한 단계 높아졌어요.

5·18 민주화 운동

박정희 대통령이 암살당한 10·26 사태 이후 국무총리였던 최규하가 대통령으로 선출되었어요. 그러나 그 직후 전두환과 노태우 등 신군부가 12·12 사태를 일으켜 권력을 장악했어요. 학생과 시민은 신군부의 퇴진을 요구하는 대규모의 시위를 전개했어요. 5월 18일 광주에서는 대학생이 중심이 되어 신군부에 저항하는 시위를 시작했어요. 신군부는 공수 부대를 투입해 시위를 진압했고, 무장한 시민군은 격렬히 저항했어요. 광주에서 잠시 물러났던 신군부는 광주를 고립시키고 5월 27일 대규모 병력을 동원해 광주의 시민군들을 무자비하게 학살하였어요. 5·18 민주화 운동을 진압한 후 신군부는 행정·입법·사법의 권한을 가진 국가 보위 비상 대책 위원회를 설치하고 언론을 장악하였으며 민주화 운동가들을 탄압했어요. 그리고 신군부를 이끌었던 전두환과 노태우는 연이어 대통령 자리에 올랐어요.

5·18 민주화 운동은 이후 민주화 운동의 원동력이 되었어요. 신군부의 압력 속에서 성공하기 어려웠으나 시민군들은 이 땅의 민주화를 위해 기꺼이 자신들의 목숨을 희생했어요. 그 고귀한 희생 덕에 현재의 민주주의가 또 한 단계 더 나아갈 수 있었어요.

6월 민주 항쟁

1985년부터 대통령 직선제와 민주화에 대한 요구가 퍼지기 시작했어요. 1987년 민주화 운동에 참여했던 대학생 박종철이 경찰의 고문으로 사망하였는데, 이 사건이 알려지면서 시민들의 분노가 폭발했어요. 전두환 정부는 국민의 민주화 요구를 무시하고 7년 단임의 대통령 간선제 유지를 내용으로 하는 4·13 호헌 조치를 발표했어요. 이에 호헌에 반대하는 시위가 일어났는데, 당시 대학생 이한열이 시위 도중 최루탄에 맞아 쓰러졌어요. 국민들은 6월 10일 호헌 철폐와 독재 타도를 부르짖으며 대규모 시위를 전개했어요(6월 민주 항쟁).

|1987년 7월 9일 서울시청 앞 이한열 추모 행진

　전두환 정부는 결국 대통령 직선제를 수용하는 6·29 민주화 선언을 발표했고, 5년 단임의 대통령 직선제 개헌이 이루어졌어요. 6월 민주 항쟁은 국민의 힘으로 대통령 직선제를 이루어 내며 대한민국의 민주화를 앞당겼어요.

　이처럼 민주화 운동을 위해 희생한 수많은 사람이 있어요. 그들처럼 이 땅의 민주화를 위해 우리는 목숨 바쳐 자신을 희생할 수 있을까요?

학생들이 이끈 민주화 운동

다음 편지를 읽고, 민주화 운동에 목숨을 바쳤던 학생들의 마음
이 어땠을지 생각해 볼까요?

> 개인이야말로 사회의 구조적 병폐를 치유할 수 있는 최고의 주체
> 다. 겨우 한 사람이기 때문에 아무 힘이 없는 것이 아니라, 한 사람
> 한 사람의 통렬한 반성과 냉철한 비판이 모여 세상을 좀 더 낫게 할
> 수 있다.
>
> - 구스타프 융
>
> 시간이 없는 관계로 어머님을 뵙지 못하고 떠납니다. 지금 저의 모
> 든 친구, 그리고 대한민국 모든 학생은 우리나라의 민주화를 위하
> 여 피를 흘립니다. …… 저희 모든 학우는 죽음을 각오하고 나간 것
> 입니다. 저는 생명을 바쳐 싸우려고 합니다. …… 부디 몸 건강히
> 계세요.
>
> - 4·19 혁명 당시 한성여중 2학년 진영숙 학생의 마지막 편지

개인의 힘으로 역사를 바꾸는 것은 어렵지만, 그러한 생각을 가진 수많은 사람들이 모
인다면 역사는 새 물결을 만들어 낼 수 있을 거예요. 이 땅의 민주화를 위해 기꺼이 자
신을 희생했던 수많은 이들은 평범하지만 위대한 개인들이었답니다.

남북 통일은 꼭 해야 할까요?

통일을 위한 노력

예교는 꼭 통일을 해야 하는지 잘 모르겠대요. 남북이 통일하면 남한이 가난한 북한 사람들을 다 돌봐 주어야 하고 그러면 남한 사람들이 살기 어려워지는 게 아니냐고 했어요. 여러분은 어떻게 생각하나요? 북한과 통일이 되면 더 행복해질 것 같나요? 우리 한번 생각해 볼까요?

이승만 정부는 6·25 전쟁 이전부터 북진 통일론을 주장했어요. 조봉암은 평화 통일론을 주장했으나 사형당했어요. 4·19 혁명 이후부터는 중립화 통일론, 남북 협상론 등이 제기되었어요.

박정희 정부는 경제 건설을 가장 중요한 문제로 설정하고 통일 문제에 관해 관심을 두지 않았어요. 그러나 1969년 미국의 닉슨 대통령은 아시아 국가에 군사 개입을 하지 않겠다는 닉슨 독트린을 발표하였고, 남북 관계가 크게 개선되었어요. 1971년 이산가족 상봉을 위한 남북 적십자 회담이 열렸고, 1972년 **7·4 남북 공동 성명**이 발표되었어요. 성명에서는 '자주·평화·민족 대단결'이라는 평화 통일

3대 원칙이 수립되었고, 이는 남북이 최초로 합의한 통일의 원칙이자 이후 통일의 기본 원칙이 되었어요.

전두환 정부 때인 1985년 남북 이산가족 상봉이 최초로 이루어졌고, 1989년 노태우 정부는 한민족 공동체 통일 방안을 북한에 제안했어요. 1990년부터 남북 고위급 회담이 시작되었고, 1991년 남한과 북한이 국제 연합에 동시에 가입하면서 남북 기본 합의서를 채택했어요. 1991년 12월에는 한반도 비핵화 공동 선언이 발표되었어요.

김영삼 정부는 1994년 '화해와 협력, 남북 연합, 통일 국가 완성'을 담은 3단계 통일 방안을 발표했어요. 이어 김대중 정부는 대북 화해 협력 정책인 '햇볕 정책'을 추진해 남북 교류가 활발해졌어요. 현대 그룹 정주영 회장이 소 떼를 몰고 북한으로 갔고, 해로를 통한 금강산 관광이 시작되었어요. 2000년 6월 김대중 대통령은 평양을 방문해 김정일 국방 위원장과 분단 이후 최초로 남북 정상 회담을 개최하였고 **6·15 남북 공동 선언**을 발표했어요. 남북 이산가족의 상봉이 이루어졌고, 경의선 연결 공사와 개성 공단 건설이 시작되었어요.

노무현 정부는 햇볕 정책을 이어 가면서 육로 금강산 관광을 시작했어요. 제2차 남북 정상 회담을 통해 10·4 남북 공동 선언에 합의하기도 했어요.

2018년 2월 9일 평창 동계 올림픽 개막식에는 남북 선수단이 공동 입장했어요. 문재인 정부는 4월 27일 제3차 남북 정상 회담을 열

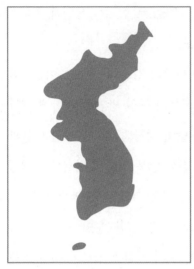
| 올림픽 코리아 선수단 한반도기

고 4·27 남북 공동 선언을 발표했어요. 또 같은 해 미국의 트럼프 대통령과 북한의 김정은 국무 위원장은 싱가포르에서 비핵화를 위한 첫 북미 정상 회담을 개최했어요.

이처럼 분단 이후 남북의 대립은 지속되었지만, 평화 통일을 위한 노력도 끊임없이 이어졌어요. 분단국가라는 사실은 여전히 우리에게 위험 요인으로 작용하고 있고, 국방비를 비롯해 경제적으로도 큰 부담을 주고 있어요. 통일을 해 소모적인 국력 낭비가 없어지고 남북이 협력하여 경제 개발을 추진한다면 우리는 동아시아의 강대국이 될 수도 있지 않을까요? '남북 통일은 꼭 해야 할까요?'라는 질문은 어쩌면 질문 자체가 잘못된 것일 수도 있어요. '통일은 필수, 방법은 선택'이 맞는 것으로 '어떻게 통일을 하면 좋을까'를 고민해야 해요. 북한과 통일해서 불편한 점보다는 통일해서 더 나아질 점에 대해 더 많이 생각해야 할 거예요.

한 번만 읽으면 확 잡히는
고등 한국사

2023년 7월 14일 1판 1쇄 펴냄

지은이 | 정세정
펴낸이 | 김철종

만든 사람들
기획·총괄 | 손성문
편집 | 김윤하
본문 디자인 | design S
일러스트 | 이현지

펴낸곳 | (주)한언
출판등록 | 1983년 9월 30일 제1-128호
주소 | 서울시 종로구 삼일대로 453(경운동) 2층
전화번호 | 02)701-6911 **팩스번호** | 02)701-4449
전자우편 | haneon@haneon.com

ISBN 978-89-5596-988-7

한언의 사명선언문

Since 3rd day of January, 1998

Our Mission   – 우리는 새로운 지식을 창출, 전파하여 전 인류가 이를 공유케 함으로써 인류 문화의 발전과 행복에 이바지한다.

     – 우리는 끊임없이 학습하는 조직으로서 자신과 조직의 발전을 위해 쉼 없이 노력하며, 궁극적으로는 세계적 콘텐츠 그룹을 지향한다.

     – 우리는 정신적·물질적으로 최고 수준의 복지를 실현하기 위해 노력하며, 명실공히 초일류 사원들의 집합체로서 부끄럼 없이 행동한다.

Our Vision   한언은 콘텐츠 기업의 선도적 성공 모델이 된다.

> 저희 한언인들은 위와 같은 사명을 항상 가슴속에 간직하고
> 좋은 책을 만들기 위해 최선을 다하고 있습니다.
> 독자 여러분의 아낌없는 충고와 격려를 부탁드립니다.
> • 한언 가족 •

HanEon's Mission statement

Our Mission   – We create and broadcast new knowledge for the advancement and happiness of the whole human race.

     – We do our best to improve ourselves and the organization, with the ultimate goal of striving to be the best content group in the world.

     – We try to realize the highest quality of welfare system in both mental and physical ways and we behave in a manner that reflects our mission as proud members of HanEon Community.

Our Vision   HanEon will be the leading Success Model of the content group.